© **Editorial ELA**

www.libreriaargentina.com

MAQUETACIÓN: Equipo ELA

DISEÑO DE PORTADA: Equipo ELA

ISBN 978-84-9950-264-9

Depósito Legal: M-20109-2025

Impreso en España

Mumon

La barrera sin puerta del zen

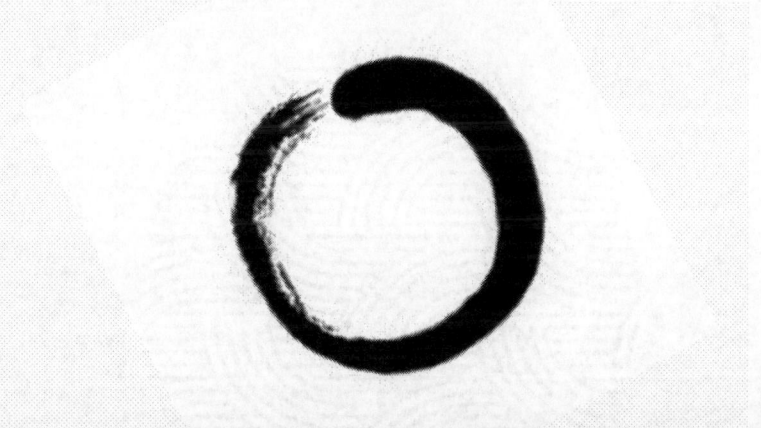

o la puerta al vacío

Historias y Koans zen comentados por:

Norberto Tucci

Editorial ELA

Índice

Prólogo a la edición española

Introducción al zen

El término *"zen"* se deriva de la pronunciación japonesa de la palabra *"Tch´an"*, de origen chino, que a su vez es una trascripción fonética del término indio-sánscrito *"dhyana"*, que significa *meditación*.

Pero el significado de la palabra meditación, es exactamente el contrario al que normalmente se atribuye en occidente al verbo meditar. En occidente, meditar sobre algo, suele entenderse como pensar mucho sobre algo, darle muchas vueltas a las cosas o aplicar con profunda atención el pensamiento a algo; sin embargo el significado de estas palabras *"dhyana"*, *"Tch´an"*, *"Chan"*, o *"zen"*, en Oriente, es todo lo contrario; se trata de *no pensar sobre algo en concreto*, de *no pensar en nada en especial,* es más una *experiencia íntima de recogimiento sobre uno mismo,* donde *se observa el fluir del pensamiento,* como si se hiciese desde fuera y se trata de *no intervenir en el acontecimiento de este proceso mental,* en todo caso tan solo observar como se produce.

De esta forma, la meditación tiene la capacidad de *reunir el cuerpo con el espíritu,* hace que el individuo se encuentre con *su verdadero y más íntimo yo,* que se encuentra *más allá de las personalidades adoptadas por su ego.*

En la meditación, se trasciende al ego, para ir a reencontrarse con el yo primigenio, el que es anterior a todas las adaptaciones del individuo al medio, que conforman la personalidad. De esta forma, practicando la meditación, se logra un descanso mental, emocional y físico, al reducirse las tensiones mentales, emocionales y físicas, se pacifica el espíritu y se favorece el auto-descubrimiento de uno mismo.

Los orígenes del zen

El zen, penetra en China, desde la India introducido por el monje *Bodhidharma,* en el siglo V d. de C., siendo en sus inicios, antes de adaptarse al entorno de China y de Japón, una de las escuelas del *budismo mahayana* o el Gran vehículo. En el budismo básicamente conviven dos elementos fundamentales:

El Satori, o la iluminación.
Las enseñanzas de Buda.

Y a partir de estos dos elementos se fueron desarrollando y diferenciando multitud de sectas y escuelas, que hacían más hincapié en uno u otro elemento, donde el zen, se distanció del propio budismo, pues se centró en la finalidad de *alcanzar el Satori,* como el auténtico núcleo de las enseñanzas budistas, olvidando más el estudio de los *textos budistas.*

Con el tiempo se convirtió en una mezcla de diferentes filosofías y culturas, como una fusión entre las creencias del *budismo mahayana* y el *taoísmo,* que reflejaba el *misticismo de la India,* el amor de la *naturalidad y espontaneidad del taoísmo* y también *el pragmatismo de Confucio,* destacando como una de sus piezas fundamentales, la práctica de la *meditación zen,* el llamado *za-zen.*

El zen, por lo tanto, sigue al budismo en su esencia, ya que su objetivo es lograr la *iluminación,* la experiencia conocida como el *satori.* Esta experiencia de la iluminación, es común a casi todas las escuelas de filosofía orientales, pero el zen es la única filosofía, que se concentra exclusivamente en ella y lo demás poco o nada le interesa. Alcanzar el *Satori,* es alcanzar *la Verdad, lo Absoluto, la Iluminación.*

El método del zen

El zen, no es pues una religión, se trata más bien de un hábito sano para la realización del ser humano y está basado en *conceptos filosóficos y prácticos,* más que en *conceptos religiosos.* Es un *espíritu aplicable a todas las religiones y creencias,* no se preocupa en hacer ninguna abstracción, ni conceptualización, no tiene ninguna doctrina o filosofía especial, ningún credo, ni un dogma formal. El zen es más "una experiencia personal", que algo que pueda ser explicado con palabras e ideas. Su entendimiento sólo se logra a través de la *experiencia individual.*

Al igual que en otras escuelas de filosofía oriental, para el zen, las palabras no pueden expresar la verdad última, este convencimiento, se demostraba en la misma actitud de no creer en la palabra escrita. Por lo que el método del zen, pasa más por desconcertar, excitar, intrigar y a veces hasta agotar al intelecto, para que el individuo se pueda percatar de que lo intelectual habla solo "acerca de" y así el individuo pueda ver claramente que la emoción es solamente sentir "acerca de" y no "vivir". Para lograrlo utiliza la facultad más elevada de la mente, la intuición o *Buddhi*, también llamada el "Ojo del Espíritu".

El zen, es propio de la mentalidad japonesa, que es más *intuitiva* y *minimalista* que *racional,* en sus manifestaciones artísticas. Es en sus métodos de instrucción, donde el zen es único, porque no se basa en una enseñanza doctrinaria, en el estudio de escrituras, ni en programas formales de desarrollo espiritual, por lo que apenas se conservan algunos sermones de los primeros maestros zen, en lo que fueron unas pequeñas tentativas de registrar intelectualmente sus enseñanzas y algunos diálogos o *mondo,* entre maestros y discípulos que aparecen a primera vista como carentes de sentido.

El zen, no trata de ser comprendido por el intelecto, quiere concentrar la atención sobre la *realidad misma,* en lugar de hacerlo sobre nuestras reacciones intelectuales y emocionales ante la realidad; se concentra sobre la vida, que es cambiante y no tiene porqué encasillarse en reacciones elegidas a nuestra conveniencia. Por ello al zen también se le identifica con la frase: *"ir recto o derecho hacia delante",* pues el zen, no trata de detener el flujo normal de la vida. Conoce a las cosas mientras viven y mueren y no es lo mismo que conocer las ideas y sentimientos acerca de las cosas, que son símbolos ya muertos de una realidad que está viva.

Tradicionalmente existían cuatro máximas, que expresaban las características del zen:

Se transmite por un sistema que va más allá de la lengua escrita.

Nunca se debe confiar en la apariencia de lo escrito.

Va dirigido hacia el punto donde se encuentra la mente de cada individuo.

Trata de alcanzar la naturaleza de Buda, por medio de la introspección en la propia naturaleza del individuo.

Estas cuatro máximas, fueron el origen, el principio de la consolidación del zen y de su separación del budismo.

El zen es también la práctica del *auto-control, la disciplina y la simplicidad en la vida.*

Una de sus prácticas más conocidas es el *za-zen,* la meditación zen; pero además del *za-zen,* los estudiantes suelen estudiar los *koans*, que son pequeñas frases aparentemente sin sentido, pero que poseen una gran profundidad intrínseca.

El verdadero análisis del *koan*, no se hace con el pensamiento lógico, requiere un análisis intuitivo y meditativo. Algunos *koans* famosos son:

"¿Cuál es el sonido de una sola mano al aplaudir?", o

"¿Cuál es la cara que tenías antes de nacer?".

El zen, pretende despertar el sentido de los más íntimo, el cual, ha permanecido completamente dormido desde el comienzo de la conciencia humana. Cuando esto se logra, se ve directamente la verdad de la Realidad y se enfrenta uno a un mundo que parece nuevo, pero que sin embargo, no es nuevo en absoluto.

El zen en Japón

El zen, llegó a Japón en el siglo XII, de la mano del maestro *Eisai* (1141-1215), que en 1184 construyó el primer templo zen japonés, llamado *Shofuku-ji,* que aún hoy en día se conserva. Alcanzó gran popularidad entre los samuráis, sobre todo la escuela *Rinzai*, ya que era una fuente de serenidad y determinación y muy válido como complemento mental y psicológico. Porque, para ser un auténtico guerrero, no solo bastaba con tener una buena preparación física, había que formarse también espiritualmente, para estar preparado y en los momentos de conflicto, mantener la serenidad y la mente en calma ante la proximidad de la muerte[1].

En el año 1227, el maestro *Dogen* llegó a Japón, para divulgar la escuela zen llamada *Soto.* En esta escuela, hay que

1. Uno de los monjes zen que lograron esta integración del zen en la filosofía y en el entrenamiento de los samurais, fue Takuan Soho, quien fue la "figura central del Zen japonés en el siglo XVII". Abad del monasterio de Daitokuji, en Kyoto, perteneciente al Zen de Rinzai, fue además escritor, pintor, calígrafo, jardinero-agricultor y maestro del té, aplicando la esencia del Zen a cada aspecto de su vida. Sus escritos fueron prodigiosos y múltiples y son una fuente para la dirección e inspiración de los japoneses de hoy en día, como lo han sido durante tres siglos y medio. Con Takuan Yosho, las artes marciales y el zen, alcanzaron una verdadera fusión. Para más datos consultar la obra de Takuan Soho: "Estretegia zen" (editorial ELA).

demostrar en la práctica diaria, la gratitud por la naturaleza de Buda, en cada detalle cotidiano, por mínimo que sea y esto constituye la *iluminación*. Estos principios iban en contra de la escuela de zen *Rinzai*, que promulgaba que la *iluminación* se alcanzaba de un *modo repentino*, que podía ocurrir en cualquier momento inesperado.

Las dos escuelas se desarrollaron por separado durante unos 700 años. *Dogen* se mantuvo alejado de las disputas políticas y admitió tanto a hombres como a mujeres en su escuela, lo que hizo que se expandiese entre todas las clases sociales.

Con el tiempo se consolidó la tendencia del zen, llamada el *zen del guerrero*. Puesto que los samuráis no estaban familiarizados con las historias clásicas del budismo chino, en este zen del guerrero, los koans y los cuentos zen, que adoptaron los samurai eran diferentes y reflejaban su experiencia diaria.

Por lo tanto, desde su llegada a Japón, el zen siempre estuvo relacionado con las artes marciales, al tratarse de un medio de perfeccionamiento personal, que da valor a la experiencia práctica y que estimula el desarrollo de una mente y la confianza en uno mismo, desarrolla la valentía y el desapego de las cosas materiales. Y puesto que estos, son algunos de los atributos más importantes para el guerrero, es por lo que el zen constituye un elemento indispensable para la formación de un guerrero completo.

A partir del siglo XVI, el zen transformó la estética japonesa. Su estilo simple y sutil, encontró su mejor expresión en la pintura japonesa, en la técnica "*sumi-e*" y en el *arreglo floral japonés* y en la *ceremonia del té*[1]. Luego, se extendió y se mezcló entre todas las expresiones artísticas y en la vida cotidiana del pueblo japonés, hasta permanecer intrincado de tal forma, que en determinadas costumbres apenas si se puede vislumbrar su origen zen.

Actualmente hay dos escuelas principales de zen en Japón, que difieren en sus métodos de enseñanza:

1. Existe un precioso tratado del escritor japonés: Okakura, que explica la ceremonia japonesa del Té y a través de ella, nos acerca a la visión de oriente de la vida y del arte, basada en la belleza de la austeridad, el minimalismo y la simplicidad. Una bella y completa exposición del concepto de vida japonés en todos los aspectos. "El libro del té" (editorial ELA).

La escuela *Rinzai* o "repentina", que utiliza el método del *koan* y donde se da preferencia a las entrevistas formales periódicas con el maestro, llamadas *sanzen*, durante las cuales se le pregunta al estudiante su visión actual sobre el *koan* que ha estado tratando de resolver. De esta forma, el maestro va conociendo el estado del alumno e identifica el momento adecuado en la evolución del estudiante, para iluminarlo a través de un choque repentino con la realidad.

La escuela *Soto* o "gradual", que no utiliza los métodos de choque de la escuela Rinzai y busca más una maduración gradual del estudiante zen. Se centra principalmente en la *tranquilidad alcanzada a través de la meditación* y por el trabajo diario y trata de alcanzar el *satori* de una *manera evolutiva* y no repentina como la Rinzai.

Quienes practican zen, tratan de superar el pensamiento racional excesivo y ser conscientes del universo.

Sobre el Satori o la iluminación

Se puede decir que para el zen, lo más importante es alcanzar el *Satori* y las enseñanzas y explicaciones de *Buda*, son algo secundario, aunque no despreciables, mientras que la mayor parte de las escuelas budistas, se centran en el estudio de las enseñanzas de Buda, en el estudio de los *sûtras*.

El *Satori* para el practicante de zen, es un estado que se logra, pero que no es fácilmente descriptible, ni algo para ser comprendido intelectualmente y así transmitido. Para llegar a la verdad a través del zen, debemos de abandonar el intelecto humano para siempre. El zen no es algo para ser explicado por intelectuales.

El estudiante del zen se dirige a su propia mente y para lograr trascenderla, utiliza el vehículo de la meditación, se adentra en su propia naturaleza humana y por medio de la meditación, la autodisciplina y una vida simple, logra su realización. No tiene muchos más secretos. Se trata de despertar al individuo, para que sea capaz de reconocer su propia naturaleza humana y a través de ella, trascender, lograr el *Satori*. Una vez logrado el *Satori*, la iluminación, quien lo obtiene pasa a tener una nueva vida.

Y puesto que, no son necesarios elementos exteriores para lograrlo, que basta con la propia naturaleza humana para conseguirlo, por ello se insiste siempre en la importancia de la *simplicidad.*

Para lograr el Satori cada maestro tiene su propia forma, aunque existen unos modelos más o menos similares para todos, por los elementos que manejan: *búsqueda religiosa intensa, fuerza de voluntad y disciplina, momentos de crisis y el momento del despertar.*

Así en muchos de los actuales monasterios zen del Japón, al igual que los monasterios antiguos, se encuentran escritos los siguientes requisitos:

1. *Tener una fe firme y asumir cada uno su propio entrenamiento.*

2. *Tener la voluntad de continuar con el entrenamiento, bajo una fuerte disciplina.*

3. *Tener la gran duda, esto es el afán de búsqueda espiritual, de búsqueda de la verdad.*

Sin estos tres requisitos no es posible entrar al monasterio o templo, para entrenarse en busca del *Satori.*

Durante su estancia en el monasterio, los monjes o estudiantes, practican a menudo la *meditación* o *zazen,* como es denominada la meditación zen, por su particular forma de colocar las piernas cruzadas. Literalmente *zazen* significa *za:* sentarse con las piernas cruzadas y *zen:* concentrarse en uno mismo en un estado de calma.

También se denominan *zazen,* a las entrevistas que se realizan a menudo con el maestro zen o encargado del templo, las llamadas entrevistas personales. Durante este *zazen,* el maestro zen suele proporcionar al estudiante en su primera entrevista, un *Koan,* es decir una frase aparentemente sin sentido racional, que le servirá de vía de estudio. En sucesivas entrevistas el maestro verifica el momento de evolución del estudiante por su conversación con el mismo, haciendo referencia a este *Koan.*

Quien alcanza el estado zen del *Satori,* no tiene dudas, ni temores, ni deseos innecesarios, ni emociones extremas. Su paz no se ve perturbada por acciones egoístas. Sirve a la humanidad de una manera humilde, con amor y gentileza. Mantiene la serenidad en todo momento. Este es el espíritu del zen.

Las historias zen como vehículo

Para los practicantes de *zen*, la palabra escrita es algo *dispensable* en el camino de la iluminación y es mucho más importante que el aprendiz pueda contar con el apoyo de un maestro, que le transmitirá el camino para el despertar de la conciencia.

Por lo general los maestros zen dan una serie de indicaciones, de trabajos más bien rutinarios y físicos, que ayudan a prepararse al alumno, para poder percibir ese cambio en la manera de percibir las cosas.

Como hemos visto, el modo de llegar al zen, pasa más por una sensación y percepción sensorial, que por una lógica racional. De repente uno se despierta y está allí, pero para hacer el camino hasta allí, no es tan fácil.

A lo largo de la historia, según surgían las historias zen o dichos, se iba abandonando el estudio de los sûtras budistas y la finalidad de estas historias, no es por lo tanto, conocer de una manera intelectual "qué es el Satori", sino más bien ayudar a lograrlo, ya que las historias zen resultan a menudo de gran ayuda, para ayudar al enemigo intelectual a chocar contra un muro, tras lo cual, es más fácil que aparezca la iluminación.

Suelen ser una guerra de la racionalidad contra lo racional, cuyo objetivo es percibir la realidad de las cosas sin que haya para ello un enfoque racional del tema. A través de relatos diversos, se destruye la razón y se busca en la propia naturaleza del ser humano, indagando en su interior.

Aunque muchos maestros zen son muy conocidos por sus escritos y discursos, el zen apenas utiliza la parte racional del ser humano como un ejercicio de preparación. Estas historias breves, que se presentan en forma de una paradoja, a veces un tanto lejana al entendimiento humano, tratan de despertar al individuo aletargado por la rutina de su vida, tratan de iluminarlo, de llevarlo al conocimiento.

Existen una gran variedad de historias, en las que intervienen antiguos conocidos maestros zen o personajes indeterminados. Todos ellos intervienen con la finalidad de hacer despertar a quien las escucha. Despertarlo de su letargo, de su sueño cotidiano, del engaño racional que le proporciona su propia mente.

La filosofía zen busca la iluminación a través del autoconocimiento, una búsqueda que va más allá de los obstáculos mentales creados por nosotros mismos, con la finalidad de encontrar la verdad en su estado puro.

Es una percepción extrasensorial de las cosas, una enseñanza especial que no se puede explicar con palabras, simplemente reclama la atención de la verdadera esencia del hombre.

A través del zen se accede a tomar conciencia de los fundamentos de la existencia. Primero se abandonan todos los pensamientos producto de nuestra mente racional, de nuestra conciencia ordinaria y posteriormente se acerca uno a la vacuidad, a la no mente, al no pensamiento. A partir de aquí se puede acceder al *Satori* o la iluminación y la vida del individuo cambia.

Sobre esta obra

Su título: *"Barrera sin puerta"*, tiene su origen en que el compilador de esta obra *"Mumon"*, considera a las preguntas sobre la naturaleza fundamental del ser humano, que son la base de los diálogos de las historias zen, como *"barreras"* y las denomina *"Las barreras de los patriarcas"*, porque es mediante ellas, con lo que los maestros zen, ponen a prueba la cualificación de los viajeros estudiantes que visitan su centro.

Posteriormente, surge el término de "koan", para referirse a estas "barreras" de una forma más concreta. Esto sucede a principios de la dinastía *Sung,* mientras que durante la dinastía *Tang,* este término no se utilizaba, ya que cada estudiante traía sus propias preguntas para el maestro. De esta forma, el zen tenía más creatividad y fuerza. Pero la decadencia de la dinastía *Tang*, dio lugar a un zen, digamos más recogido, más interpretativo y cuya práctica era casi la de un deporte, un juego de preguntas y respuestas entre el maestro y los discípulos, que utilizaban los koans como entrenamiento para los estudiantes. De esta forma, el zen se sistematiza a través de los koans, a través de la práctica de romper estas barreras.

"Barrera sin puerta", surge, cuando estaba siendo olvidada su antecesora *"Hekiganroku"*, una colección de 100 historias zen en las que un maestro zen, *Setcho Juken,* añade un poema de clarificación y posteriormente otro maestro zen, *Engo*

Kokugon, incorpora una pequeña introducción para cada historia. *"Hekiganroku"*, se hizo muy popular, durante la dinastía *Sung*, en todos los templos zen, para con ellos seguir rechazando las doctrinas escritas y su parte intelectual y emocional y captar con estas historias el valor de las cosas.

Sobre Mumon

Wumen Huikai o *Mumon Ekai* (1183-1260) fue un maestro chino zen, durante el período *Sung* de China. Famoso por haber compilado y comentado la colección de 48 koans: *"La barrera sin puerta"* o *"Mumonkan"*. *Mumon* es el nombre monástico que adquiere *Ekai*, cuando llevó a cabo esta compilación de historias zen y sus poemas y fue un estudioso del zen, que se llegó a convertir en el decimoquinto descendiente de la escuela *Rinzai*, siendo el octavo después de *Yoghi*. *Mumon* recibió su educación espiritual, también llamada *transmisión del Dharma* en la enseñanza budista, en la línea *Rinzai* del zen, del maestro zen *Gatsurin Shikan* o *Getsurin* (1143-1217).

Durante uno de sus viajes de aprendizaje, *Mumon,* fue al Templo *Manjuji*, para ver a *Getsurin*, el séptimo sucesor de *Yoghi*. El maestro *Getsurin*, que era conocido por su severidad, le dio a *Mumon*, el *Koan de Mu*, o el *"Perro de Joshu"*, para que lo estudiara. Pero, después de seis años, *Mumon* no había resuelto su enigma y juró que no dormiría, hasta que lograse hacerlo. Por esta razón, cuando sentía sueño, salía de sus aposentos y se golpeaba la cabeza contra un poste para despertarse.

Hasta que un día, cuando sonó el tambor que anunciaba el mediodía, de repente, percibió algo y compuso el siguiente verso:

"De un cielo azul, con el sol brillando fuerte, ¡un trueno!
Todas las cosas vivientes de la gran tierra, me abren sus ojos de par en par[1].
Todas las innumerables cosas de la naturaleza, me hacen reverencia[2].
El monte Sumeru, en su base, está bailando una canción[3]."

1. Me están mirando y se fijan en mi.
2. Hacen lo que yo quiero que hagan, porque deseo que hagan lo que están haciendo, han hecho y harán.
3. El budismo aquí, como en el hinduismo, ve al universo danzando.

Y al día siguiente, cuando se entrevistó con *Getsurin*, quiso contarle sobre este asunto, pero *Getsurin* le dijo:

- "¿Dónde viste al dios? ¿Dónde viste al diablo?"
Y *Mumon* respondió:
- "¡Kwatz!"[1].
A lo que Getsurin respondió:
"¡Kwatz!".

Y se pusieron a *kwatizarse* el uno al otro, hasta el infinito.
Entonces *Mumon* compuso un verso:

Mu ! Mu ! Mu ! Mu ! Mu !
Mu ! Mu ! Mu ! Mu ! Mu !
Mu ! Mu ! Mu ! Mu ! Mu !
Mu ! Mu ! Mu ! Mu ! Mu !

Mumon, era un clásico maestro zen excéntrico, que vagó de templo en templo, durante muchos años, vistiendo túnicas viejas y sucias y dejándose crecer el pelo y la barba, mientras trabajaba en los campos de cada templo que visitaba, por lo que fue apodado como "el Monje Laico".

A los treinta y seis años, fue reconocido como un monje con futuro, cuando ya había visitado a un gran número de maestros zen destacados.

A los cuarenta y seis años, escribió esta obra, el Mumonkan, cuando era monje principal del templo *Ryishiji*.

A los sesenta y cuatro años, en 1246, fundó el templo *Ninnoji*.

Los registros dicen que hablaba sucinta y directamente a todos. Cuando *Shinchi Kakushin* viajó a China sobre el 1249, conoció a *Mumon* en el año 1253, tras visitar a varios maestros y monasterios zen y cuando volvió a Japón en el año 1254, llevó estas enseñanzas, que configuran la secta *Rinzai* del zen en Japón.

1. "Kwatz" es un término zen, que resume de forma humorística y atractiva, la frustración del maestro zen chino del siglo IX, Linji, ante la idea de que la "verdad" o el "significado", pudieran ser algo que las palabras pudieran llegar a representar. Hay registros de su uso en el zen desde entonces.

Murió a la edad de setenta y ocho años en 1260 y su verso de muerte fue:

El Vacío no ha nacido,
El Vacío no perece.
Si conoces el Vacío,
Tú y el Vacío no sois diferentes.

En sus comentarios a la primera historia, *"el perro de Joshu"*, dice que atravesar esta barrera del zen, es como *"una bola de hierro caliente, que no podrás tragar ni escupir"*. Sus enseñanzas, como se revela en sus comentarios, siguieron de cerca las de *Daei Soko* (1089-1163) y en ellas, la importancia de la "Gran Duda", fue uno de los principales recursos de su enseñanza, por lo que *Mumon* dijo:

"Comprender el Zen, es tan sólo una cuestión de despertar la masa de dudas en todo tu cuerpo, día y noche y nunca dejar que se vayan".

Cualquier actividad que un estudiante propusiera, *Mumon* la rechazaba diciendo:

"Si sigues las reglas, observando las reglas, te atas sin cuerda, pero si actúas de cualquier manera, sin inhibición, eres un demonio herético...
La alerta clara, es llevar cadenas y cepos.
Pensar en el bien y en el mal, es el infierno y el cielo... Ni progresas ni retrocedes, eres un hombre muerto con aliento.
Así que dime, en última instancia, ¿cómo practicas?".

Sobre el traductor de esta obra y prologuista

Norberto Tucci, es un estudioso del orientalismo y de las artes marciales. Durante más de 30 años, se ha dedicado al estudio de las religiones y filosofías de oriente, principalmente el budismo, el zen y el taoísmo. Ha traducido y comentado algunos de los textos más importantes de oriente, como: el *"Tao Te King"*, *"El I Ching"*, *"El arte de la guerra"*, o el *"Dhammapada"*, destacando también sus versiones de *"Hagakure"*, *"El libro de los cinco anillos"*, *"El espíritu indomable del Samurai"* o *"El libro del té"* y sus selecciones de *"Historias zen"* y de *"Mandalas"*.

Practicante de varios estilos de artes marciales, se ha integrado en los conceptos de vida orientales, tanto en la filosofía como en la práctica. Su máxima: *"Comprender desde dentro"*, le ha llevado a conocer y vivenciar los estilos de vida orientales en varias de sus manifestaciones.

Sus textos resultan amenos y de fácil comprensión para el lector, por la sencillez y la naturalidad que da a sus expresiones, logrando hacer fácil y asequible, lo difícil.

La barrera sin puerta

Loa a los monarcas
Por Mumon

Hemos llegado al 5 de enero del segundo año de Jotei, 1229, un día de felicitaciones para Su Majestad.

Su humilde servidor, el monje Ekai, el 1 de diciembre del año pasado, publicó un comentario sobre Cuarenta y ocho casos de las actividades espirituales del Buda y los Patriarcas.

Rezo por la salud y prosperidad eternas de Su Majestad. Deseo respetuosamente que la sabiduría de Su Majestad se aclare cada día más y que su vida sea tan eterna como la del universo mismo.

Que todas las Ocho Direcciones canten las alabanzas de su virtud y que los Cuatro Mares se deleiten con su eficaz actividad inamovible.

Escrito por el Transmisor de la Ley, monje ciudadano Ekai, antiguo Monje Principal del Templo zen Hoinyuji, construido por el mérito de la Emperatriz Jii[1].

---

1. La madre del Emperador, parece haber sido una persona terrible que se decía que rondaba el distrito como una especie de vampiro. El templo fue construido para dar descanso a su espíritu turbulento.

ZENSHU MUMONKAN
(La barrera sin puertas de la secta zen)

Prólogo por Mumon

El budismo hace de la *mente* su fundamento. Hace de la *No-puerta* su puerta. Entonces, si es una *No-puerta*, ¿cómo podemos pasar a través de ella?

Acaso, ¿no has oído decir?:

"Las cosas que entran por la puerta, no son tesoros. Lo que se obtiene como resultado de causa y efecto tiene un principio y un fin y será aniquilado".

Tales comentarios son como levantar olas cuando no hay viento o abrir un agujero en un árbol herido.

Aquellos que confían en las palabras, es como los que tratan de golpear la luna con un palo o los que se rascan el zapato porque les pica una parte del pie, ¿qué les importa la realidad?

En el verano del primer año *Jotei*, *Ekai* estaba en *Ryusho* (Lunghsiang) en el este de China. Como monje principal, enseñaba a los estudiantes de allí, usando los *koans* de los antiguos maestros como si fueran ladrillos, para golpear una puerta y guiando a los monjes de acuerdo con su capacidad especial y escribió estos *koans* que se convirtieron en una colección involuntaria.

De principio a fin no hay ningún sistema en ellos y a los cuarenta y ocho casos así escritos, se les llamaron *Mumonkan*.

Si alguien es un valiente, se abrirá paso sin pensar en el peligro que implica y como el *Nata* de ocho brazos, nada le obstaculizará, sino que avanzará con firmeza. Los *cuatro sietes de Occidente* (los patriarcas indios) y *Los dos treses del Este* (los patriarcas chinos) rogarán por su vida con su presencia imponente. Sin embargo, si alguien duda, es como un hombre que observa a un caballo galopar frente a una ventana y que en un abrir y cerrar de ojos, desaparece.

El Gran Camino no tiene puertas;
hay mil callejones.
Si una vez pasas la barrera,
caminas solo por el universo.

1
El perro de Joshu

Un monje, le preguntó al maestro zen chino, llamado Joshu:
- "¿Tiene un perro la naturaleza de Buda?"
Y Joshu respondió:
- "Mu".[1]

Comentario de Mumon: Para realizar el zen, hay que atravesar la barrera de los patriarcas.

La iluminación llega siempre, tras haber bloqueado el camino del pensamiento.

Si no atraviesas la barrera de los patriarcas o si el camino de tu pensamiento no está bloqueado, cualquier cosa que pienses, cualquier cosa que hagas, serás como un fantasma, aferrado a los arbustos y a las malas hierbas[2].

Ahora, te preguntaré:
-¿Cuál es una barrera de los patriarcas?
-Esta simple palabra: *Mu*, es la puerta al zen. Por eso se la llama: *la barrera sin puerta del zen*. Si la atraviesas, verás a *Joshu* cara a cara y entonces podrás trabajar, mano a mano, con toda la línea de los patriarcas, enredando tus cejas con las suyas, verás con sus mismos ojos y escucharás con los mismos oídos ¿No te parece esto una preciosa posibilidad?

Si quieres atravesar esta barrera, debes trabajar a través de cada hueso de tu cuerpo, a través de cada poro de tu piel, llenándolos de esta palabra, concentrándote en *Mu*.

Debes hacerlo día y noche. No pienses que es un símbolo negativo común, que no significa nada.

1. Nota de Norberto Tucci. Mu es el símbolo negativo en chino, que significa "nada" o "no".
2. Nota de Norberto Tucci. Se refiere a que no podrás desarrollar tu iluminación, es decir no podrás ascender hacia tu verdadero Yo . Por eso hace el símil de esta situación, con la que le ocurre a un fantasma, que está atrapado a este mundo, por los arbustos y las malas hierbas, atrapado en los mundos inferiores y no puede ascender a los superiores. Si no cambias tu forma de pensar, es decir, si no dejas de pensar así y si no paras de pensar de forma racional, utilizando solo el intelecto inferior, te verás atrapado en el mundo inferior y no podrás elevarte a mundos superiores.

No es la nada, lo opuesto a la existencia.

Si realmente quieres atravesar esta barrera, será como tragarte una bola de hierro caliente, que no podrás tragar ni escupir. Porque entonces, tu conocimiento anterior menor, desaparecerá.

Como una fruta que madura en su estación, de forma natural, tu subjetividad y la objetividad, se volverán una. Serás como el mudo que ha tenido un sueño, lo ha tenido, pero no puede contarlo.

Cuando entres en esta condición, la coraza de tu ego será aplastada y podrás sacudir el cielo y mover la tierra. Serás como un gran guerrero con una espada afilada. Si un Buda se interpone en tu camino, lo derribarás; si un patriarca te supone algún obstáculo, lo matarás y serás libre en tu forma de nacer y morir.

Podrás entrar en cualquier mundo, como si fuera su propio patio de recreo. Te diré cómo lograr esto con un *koan*. Tú, simplemente concentra toda tu energía en *Mu* y no permitas ninguna interrupción. Cuando entres en este *Mu* y no haya interrupción, tu logro será como una vela encendida e iluminará todo el universo.

> *¿Tiene un perro la naturaleza de Buda?*
> *Esta es la respuesta más seria de todas.*
> *Si dices sí o no,*
> *pierdes tu propia naturaleza de Buda.*

Comentario de Norberto Tucci: Para acceder a los mundos superiores, hay que abandonar los mundos inferiores. Para llegar al estado de *iluminación o Satori*, hay que abandonar el mundo de la *mente racional*, que es un estado inferior. (Ya antes, para llegar al mundo de la mente racional, habíamos abandonado el mundo de las pasiones y los deseos).

Nuestra mente racional no para, está en continuo movimiento y funciona de acuerdo a los resortes y mecanismos que nuestra personalidad le impone. Por lo tanto, nuestra mente inferior, la racional, aunque sea superior a la mera satisfacción de los deseos, nos lleva a conclusiones alejadas de la objetividad, llevándonos por los caminos marcados por la personalidad y está por debajo del mundo de las ideas puras, del mundo mental.

El zen, trata de acabar con este recorrido continuo de las ideas, por las carreteras comunes al pensamiento, establecidas por la personalidad a través de todos sus años de experiencia y para ello lo primero que propone es: *no pensar, detener el tráfico de las ideas*. De esta forma, se evita llegar a las mismas conclusiones de siempre, a los mismos lugares de siempre.

Y para ello, lo primero que sugiere, es la **atención**, seguida de la **concentración**. Todas las partes de nuestro cuerpo, todos los huesos (todo lo interior) y todos los poros de la piel (todo lo exterior), todas, deben de estar "atentas" y "concentrarse" en algo, en este caso en la palabra "mu" o "no" en castellano. No deben concentrarsae en el significado racional del término, sino en su esencia, trascendiendo a su significado racional y de lenguaje, que viene a ser la "nada" o la "vacuidad"[1].

Estas recomendaciones, que tienen su origen en India y de allí llegaron a China y posteriormente a Japón, se corresponden con las cuatro etapas finales del yoga[2]: *Pratyahara, Dharana, Dhyana y Samadhi*, que recordemos que a su vez, consta de ocho etapas:

1. *Yama*. Restricciones, disciplinas morales o votos morales.

2. *Niyama*. Obligaciones u observancias positivas.

3. *Asana*. Postura física estable, para mejorar el estado físico del cuerpo.

4. *Pranayama*. Técnicas de respiración, para aumentar el flujo de energía o prana.

5. *Pratyahara*. Retiro de los sentidos.

6. *Dharana*. Concentración enfocada en algo.

7. *Dhyana*. Absorción meditativa.

8. *Samadhi*. Estado de bienaventuranza o iluminación.

Porque, se supone que, para llegar a este momento, el monje ya ha estado cumpliendo las cuatro primeras etapas.

1. Para ampliar sobre el concepto del vacio o vacuidad, puede consultar: "El tratado del perfecto vacío" (Cuentos taoístas comentados) de Lie Zi, comentado por Chang Chan y Norberto Tucci.
2. Por el término yoga, hay que entender: "unión con Dios", unión con la energía primordial, no su acepción más común que la relaciona con el conjunto de actividades físicas (Hatha yoga) que es como es más interpretado en occidente.

El zen, sigue aquí al budismo y a su vez, el budismo, sigue bebiendo de los principios de las filosofías hindúes, como el *Vedanta* y el *Samkhya*. Y aunque haya renunciado a muchos de sus textos y creencias, sigue manteniendo las formas tradicionales de acceder a los *estados superiores de conciencia,* que se han empleado siempre en toda la humanidad y que coinciden en todas las civilizaciones.

De esta forma, nos induce a pasar por *Pratyahara* (Retiro de los sentidos, dejar de pensar, en este caso), *Dharana* (Concentración, en la palabra "no") y *Dhyana* (Meditar en el termino "no"), para llegar a *Samadhi* (Estado de iluminación, llegar a un mundo superior al racional); porque no conoce otro camino mejor y más experimentado por el ser humano durante siglos.

2
El zorro de Hyakujo

Cierta vez, cuando *Hyakujo* daba algunas conferencias de zen, un zorro anciano estaba asistiendo a ellas, sin que los monjes se dieran cuenta. Al final de cada charla, cuando los monjes se iban, él también lo hacía. Pero un día se quedó después de que todos se hubieran ido y *Hyakujo* le preguntó:

- "¿Quién eres y qué haces ante mi?".

El anciano respondió:

- "No soy un ser humano, pero lo fui cuando el Buda *Kashapa* predicaba en este mundo. Yo era un maestro zen y vivía en esta montaña. En aquél entonces, uno de mis alumnos me preguntó si el hombre iluminado está sujeto a la ley de causalidad y yo le respondí: *'El hombre iluminado no está sujeto a la ley de causalidad'*. Pero, como esa respuesta, evidencia un apego a lo absoluto, me convertí en un zorro durante quinientos renacimientos y sigo siendo un zorro. ¿Me salvarás de esta condición con tus palabras zen y me permitirás salir del cuerpo de un zorro? Ahora, ¿puedo yo preguntarte?: ¿Está el hombre iluminado sujeto a la *ley de causalidad*?".

Hyakujo dijo:

- "El hombre iluminado es uno con la *ley de causalidad*".

Ante estas palabras de *Hyakujo*, el anciano se iluminó.

- "Estoy emancipado" -dijo, rindiéndole homenaje con una profunda reverencia- "Ya no soy un zorro, pero tengo que dejar mi cuerpo en mi morada detrás de esta montaña. Por favor, realiza mi funeral como un monje".

Y luego desapareció.

Al día siguiente, *Hyakujo* dio la orden, a través del monje superior, para que se preparasen para asistir al funeral de un monje.

- "Nadie estaba enfermo en la enfermería" -se preguntaron los monjes- "¿Qué querrá decir nuestro maestro?"

Después de la cena, *Hyakujo* llevó a los monjes fuera, a la montaña. De dentro de una cueva, con su bastón, sacó el cadáver de un zorro viejo y luego realizó la ceremonia de cremación.

Esa noche, *Hyakujo* dio una charla a los monjes y les contó esta historia sobre la ley de causalidad.

Obaku, al escuchar la historia, le preguntó a *Hyakujo*:

- "Entiendo que hace mucho tiempo, debido a que cierta persona dio una respuesta zen incorrecta, se convirtió en un zorro por quinientos renacimientos. Ahora quiero preguntar: Si a un maestro actual se le hacen muchas preguntas y siempre da la respuesta correcta, ¿qué será de él?"

Hyakujo le dijo:

- "Ven, acércate a mí y te lo diré".

Obaku se acercó a *Hyakujo* y golpeó la cara del maestro con la mano, porque sabía que esa era la respuesta que su maestro pretendía darle.

Hyakujo aplaudió y se rió de este discernimiento.

- "Pensé que un bárbaro tenía la barba roja" -dijo- "y ahora conozco a un bárbaro que tiene la barba roja".

Comentario de Mumon: " El hombre iluminado es uno con la ley de causalidad". ¿Cómo puede esta respuesta convertir a un monje en un zorro?

Para entender esto claramente, uno tiene que tener un solo ojo.

¿Controlado o no controlado?
El mismo dado, muestra dos caras.
No controlado o controlado,
Ambos son un grave error.

Comentario de Norberto Tucci: El error no radica en cualquiera de las posturas, actos o respuestas, sino en el hecho de olvidarse de trascender cualquiera de las posturas, que no son más que disquisiciones mentales, argumentaciones o falacias mentales, que están fuera de la realidad objetiva del plano superior, que es lo que hay que buscar.

No importa lo que pasó, sino lo que se hace en este momento. De esta manera, no existe pasado ni futuro y se está en consonancia con la máxima de que el tiempo no existe, porque el tiempo es una creación del mundo material del hombre y no existe en el plano superior al actual.

3
El dedo de Gutei

Gutei, levantaba un dedo cada vez que le hacían una pregunta sobre el zen. Un niño asistente comenzó a imitarlo de esta manera y cuando alguien le preguntaba al niño sobre qué había predicado su maestro, el niño levantaba el dedo.

Gutei se enteró de las travesuras del chico, le agarró y le cortó el dedo. El niño lloró y salió corriendo. Gutei le llamó y le detuvo. Cuando el niño volvió la cabeza hacia *Gutei*, *Gutei* levantó su propio dedo. En ese instante el muchacho se iluminó.

Cuando Gutei estaba a punto de dejar este mundo reunió a sus monjes a su alrededor y les dijo:

- "Obtuve mi zen" -dijo- "de mi maestro *Tenryu* y en toda mi vida no he podido agotarlo". Luego falleció.

Comentario de Mumon: La iluminación, que lograron *Gutei* y el niño, no tiene nada que ver con un dedo.

Si alguien se aferra a un dedo, *Tenryu* se sentirá tan decepcionado que aniquilará a *Gutei,* al niño y al aferrador por completo.

Gutei, abarata la enseñanza de Tenryu,
emancipando al niño con un cuchillo.
Comparado con el dios chino que apartó una montaña con una mano,
el viejo Gutei es un pobre imitador.

Comentarios de Norberto Tucci: El camino que ha recorrido uno, es su propio camino, no es una enseñanza que sirva para otros, que tendrán que recorrer su propio camino.

Por eso, no podemos hablar de que tal cosa o tal otra, es buena o mala para la iluminación de alguien. A una persona le puede haber servido, pero no quiere decir que otra tenga que hacer lo mismo que esa persona hizo para lograr la iluminación.

4
Un extranjero sin barba

Wakuan se quejó cuando vio una imagen de un Bodhidharma barbudo:
- "¿Por qué ese bárbaro no tiene barba?".

Comentario de Mumon: Si quieres estudiar zen, debes estudiarlo con tu corazón. Cuando alcanzas la realización, debe ser una verdadera realización. Tú mismo, debes tener la cara del gran *Bodhidharma*, para verlo. Solo uno de esos vistazos, te será suficiente. Pero si dices que lo conoces, nunca lo has visto en absoluto.

No se debes hablar de un sueño
delante de un tonto.
¿Por qué ese bárbaro no tiene barba?
¡Qué pregunta más absurda!

Comentarios de Norberto Tucci: *Bodhidharma* fue el vigésimo octavo patriarca del budismo y el primer patriarca legendario y fundador de la forma de *budismo zen o Chan*. Era un monje de origen persa, de aspecto feroz, que generalmente era representado con una barba tupida y con unos ojos penetrantes, que viajó a China para enseñar el budismo.

En China, *Bodhidharma,* de nombre *Da Mo*, se estableció en *Shaolin,* para iniciar su enseñanza, donde permaneció meditando en un monasterio durante nueve años.

En esta pequeñísima historia, *Wakuan,* de raza china y más imberbe, se quejaba por no tener barba como *Bodhidharma,* que era de raza blanca y con más barba. Y *Mumon* le critica, diciendo que debes de identificarte con *Bodhidharma* y ser uno con él, sin hacer distinción alguna de la parte física, del cuerpo, porque si le identificas como una persona distinta de la tuya, te estarás separando de su enseñanza.

5
Kyogen trepa a un árbol

Kyogen dijo:

"El zen es como un hombre colgado de un árbol por los dientes sobre un precipicio. Sus manos no se agarran a ninguna rama, sus pies no descansan sobre ninguna rama y debajo del árbol otra persona le pregunta:

- '¿Por qué Bodhidharma vino a China desde India?'.

Si el hombre colgado en el árbol no responde, falla y si responde, cae y pierde la vida.

Entonces, ¿qué hará?"

Comentario de Mumon: En tal situación, la elocuencia más talentosa no sirve de nada. Aunque hayas memorizado todos los sutras, no puedes usarlos.

Si puedes dar la respuesta correcta, abres un nuevo camino de vida a un camino pasado de muerte. Pero puedes no responder, vivir una eternidad y preguntarle al futuro Buda, Maitreya.

Kyogen es realmente un necio
Esparciendo ese veneno que mata el ego
Que cierra la boca de sus alumnos
Y deja que sus lágrimas fluyan de sus ojos muertos.

Comentario de Norberto Tucci: Las palabras, la elocuencia, los argumentos; muchas veces no sirven para nada, porque no son siempre aplicables al contexto presente. Buscar la verdad es un camino personal y como tal, así debe ser andado.

6
Buda, dando vueltas a una flor

Cuando *Shakyamuni Buda* estaba en la montaña *Grdhrakuta*, hacía girar una flor entre sus dedos y la sostenía ante sus oyentes. Todos estaban en silencio. Solo *Maha-Kashapa* sonrió ante esta revelación, aunque trató de controlar la expresión de las líneas de su rostro.

Buda dijo:

- "Tengo el ojo de la verdadera enseñanza, el corazón del *Nirvana*, el verdadero aspecto de la no-forma y el paso inefable del *Dharma*. No se expresa con palabras, sino que se transmite especialmente más allá de la enseñanza. Esta enseñanza se la he dado a *Maha-Kashapa*".

Comentario de Mumon: *Gautama,* el de rostro dorado, no se preocupó por su audiencia. Hizo a lo bueno, malo y vendió carne de perro, bajo el nombre de cordero.

Y él mismo pensó que era maravilloso. Pero, ¿y si todo el público se hubiera reído a la vez?

¿Cómo pudo haber transmitido la enseñanza?

Y de nuevo y si Maha-Kashapa no hubiera sonreído, ¿cómo podría haber transmitido la enseñanza?

Si piensas que la realización se puede transmitir, es como considerar al anciano sabio, igual al embaucador de la ciudad que engaña a las personas simples del pueblo. Y si piensas que no se puede transmitir, ¿por qué aprobó a *Maha-Kashapa*?

En el giro de una flor
Su disfraz quedó expuesto.
Nadie en el cielo ni en la tierra puede superar
el rostro arrugado de Maha-Kashapa.

Comentario de Norberto Tucci: La realización debe ser lograda por cada persona por si misma, no obstante, determinadas enseñanzas, pueden ayudar a lograrla.

7
Joshu dijo: "lava tu cuenco".

Un monje le dijo a *Joshu*:
- "Acabo de entrar al monasterio. Por favor, enséñame".
Joshu preguntó:
- "¿Has comido tus gachas de arroz?"
El monje respondió:
- "Las he comido".
Y *Joshu* dijo:
- "Entonces será mejor que laves tu cuenco".
En ese momento el monje se iluminó.

Comentario de Mumon: *Joshu* es el hombre que abre la boca y muestra su corazón. Dudo que este monje realmente haya visto el corazón de *Joshu*. Espero que no haya confundido la campana con una jarra.

Es demasiado claro y por lo tanto, es difícil de ver.
Un tonto, una vez buscó el fuego, con una linterna encendida.
Si hubiera sabido lo que era el fuego,
podría haber cocinado su arroz mucho antes.

Comentario de Norberto Tucci: En los actos sencillos de la vida cotidiana, se encuentra la posibilidad de lograr la realización.

8
La rueda de Keichu

Getsuan, dijo a sus alumnos:

- "*Keichu*, el primer fabricante de ruedas de China, hizo dos ruedas de cincuenta radios cada una. Ahora, supongamos que le quitamos a un carro la rueda y el eje, ¿Qué quedaría entonces?

Y si *Keichu* hubiera hecho esto, ¿se le podría llamar el maestro fabricante de ruedas?

Comentario de Mumon: Si alguien puede responder esta pregunta instantáneamente, sus ojos serán como un cometa y su mente como un relámpago.

Cuando la rueda gira sin eje,
ningún maestro puede detenerla.
Gira sobre el cielo y debajo de la tierra,
al sur, norte, este y oeste.

Comentario de Norberto Tucci: la capacidad de percibir la verdad, está por encima incluso de la capacidad de los maestros.

9
Un Buda ante la Historia

Un monje le preguntó a *Seijo*:

- "Entiendo que un *Buda* que vivió antes de la historia registrada, se sentó en meditación durante diez ciclos de existencia y no pudo darse cuenta de la verdad más alta, por lo que no pudo emanciparse por completo. ¿Por qué fue así?".

Seijo respondió:

- "Tu pregunta se explica por sí misma".

El monje preguntó de nuevo:

- "Si el *Buda* estaba meditando, ¿por qué no pudo realizar la budeidad?".

Seijo dijo:

- "Él no era un Buda".

Comentario de Mumon: se permite su realización, pero no se admite su comprensión. Cuando un ignorante alcanza la realización, es un santo. Cuando un santo comienza a comprender es un ignorante.

Es mejor realizar la mente que el cuerpo.
Cuando se realiza la mente, uno no necesita preocuparse
por el cuerpo.
Cuando la mente y el cuerpo se vuelven uno
El hombre es libre. Entonces no desea alabanza.

Comentario de Norberto Tucci: nos movemos entre conceptos propios del budismo: buda, budeidad, realización, Nirvana... son conceptos semejantes pero con matices diferenciadores. La realización del ser es la culminación final y para ello, el estado de Nirvana, al que la meditación ayuda a alcanzar, puede ser de gran ayuda. Pero cada ser humano es diferente. No obstante, nos recuerda con esta historia que el plano mental, es un plano superior a los planos físico y astral o emocional. Y aboga por el desarrollo del plano mental, frente a los demás.

10.
Seizei solo y pobre

Un monje llamado *Seizei*, le dijo a *Sozan*:
- "*Seizei* está solo y es pobre. ¿Le darás apoyo?".
Sozan, le prespondió:
- "¿*Seizei*?"
Y *Seizei* respondió:
- "Sí, señor".
Y *Sozan* dijo:
- "Tienes el zen, el mejor vino de China y cuando ya has vaciado tres copas, me dices que ni siquiera han mojado tus labios".

Comentario de Mumon: *Seizei* exageró su estado. ¿Por qué lo hizo? Porque *Sozan* tenía ojos y sabía con quién trataba. Aun así, quiero preguntaros: ¿En qué momento *Seizei* bebió el vino?

El hombre más pobre de China,
El hombre más valiente de China,
Apenas se sostiene a sí mismo,
Sin embargo, desea rivalizar con los más ricos.

Comentario de Norberto Tucci: la satisfacción producida por actuar de acuerdo al zen, se compara a la producida cuando se bebe el mejor vino, no uno cualquiera.

Por eso *Mumon* se plantea que *Seizei* hubiera conocido el zen, porque de haberlo hecho, no se habría quejado de su estado físico, ni de su soledad, porque estaría colmado de la felicidad producida por el zen.

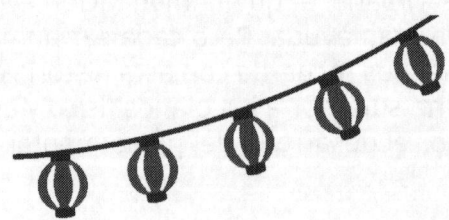

11.
Joshu examina a un monje en meditación

Joshu, fue a un lugar donde un monje se había retirado a meditar y le preguntó:
- "¿Hay alguien ahí?, ¿hay alguien ahí?"
El monje levantó el puño.
Joshu respondió:
- "Los barcos no pueden flotar donde el agua es demasiado poco profunda". Y se fue.
Unos días después, *Joshu* fue de nuevo a visitar al monje y le hizo la misma pregunta.
Y el monje respondió de la misma manera.
Joshu dijo:
- "Bien dado, bien tomado, bien muerto, bien salvado".
Y se inclinó ante el monje.

Comentario de Mumon: El puño levantado fue el mismo en ambas ocasiones. ¿Por qué *Joshu* no admitió el primero y aprobó el segundo? ¿Dónde está la diferencia?

Quien responda esto sabe que la lengua de *Joshu* no tiene hueso por lo que puede usarla libremente. Sin embargo, tal vez *Joshu* esté equivocado. O, a través de ese monje, puede haber descubierto su error.

Si alguien piensa que la perspicacia de uno excede a la del otro, no tiene ojos.

La luz de los ojos es como un cometa,
Y la actividad del zen es como un relámpago.
La espada que mata al hombre
Es la espada que salva al hombre.

Comentario de Norberto Tucci: en los monasterios, era costumbre no hablar y comunicarse a través de signos hechos con las manos. Cada signo tenía su significado, que era complejo y especial para cada situación. El mismo signo manual, podía significar varias cosas, según la situación y las circunstancias. En este caso, el símil de los gestos y el de las palabras, que se emplean para comunicarse los monjes entre sí, *Mumon*, nos recuerda que pueden dar lugar ambos a un error humano, a un error de interpretación y a un error de presunción.

El error de interpretación entre los hombres, se produce a menudo con las palabras y más aún cuando se utilizan los símbolos, en lugar de las palabras. Y nos recuerda la famosa frase japonesa que dice: *"la misma espada que mata, es la espada que da la vida"*[1]. Aunque la luz del zen, como un relámpago acaba con todas las dudas y con todos los errores.

1. Para más datos, ver la obra sobre estrategia samurai: "El camino de la espada" (editorial ELA), que incluye la obra "La espada que da la vida", que está dedicada, no a la muerte y para acabar con la vida, sino a la vida, para dar la vida, para alcanzar la vida plena. A través del camino de la espada, se trata de llegar a la vida plena, se trata de transformar al estudiante y convertirlo en un "ser vivo", de ahí el título de esta obra. La estrategia de combate del Samurai, su filosofía y su práctica, presentada en una obra hecha al estilo oriental en cuanto a su metodología, porque enseña con ejemplos y reenvía al lector a que desde su interior obtenga sus propias conclusiones. Una obra llena de directrices para la estrategia y de técnicas, que indican cómo y cuándo actuar, pero también llena de sugerencias, que en ocasiones son tan importantes como la propia estrategia. Sus enseñanzas para la vida cotidiana son aplicables tanto de forma individual, como para la estrategia de grupo.

12.
Zuigan se llamaba a sí mismo maestro

Zuigan, se llamaba a sí mismo todos los días: "Maestro".
Entonces se respondió a sí mismo:
- "Sí, señor".
Y después de eso agregó:
- "Ponte sobrio".
De nuevo respondió:
- "Sí, señor".
"Y después de eso", continuó:
- "No te dejes engañar por otros".
- "Sí, señor; sí, señor" -respondió-.

Comentario de Mumon: El viejo *Zuigan* se vende y se compra a sí mismo. Está abriendo un espectáculo de marionetas. Utiliza una máscara para llamarse "Maestro" y otra para responder al maestro.

Una máscara dice: "Ponte sobrio" y otra: "No te dejes engañar por otros". Si alguien se aferra a alguna de sus máscaras, se equivoca, pero si imita a *Zuigan*, se convertirá en un zorro.

Algunos estudiantes de zen no se dan cuenta del verdadero
hombre de una máscara,
porque reconocen el alma del ego.
El alma del ego, es la semilla del nacimiento y la muerte,
y la gente necia la llama el hombre verdadero.

Comentarios de Norberto Tucci: El verdadero maestro, está en nuestro interior, en el interior de cada uno de nosotros y es parte de la llamada "llama divina". Se le conoce como el "Yo Superior" y está por encima de las distintas personalidades que adquiere el alma humana, en sus distintas reencarnaciones, para evolucionar en su conciencia. Por eso se afirma, que el alma del ego, no es el verdadero hombre.

13.
Tokusan sostiene su tazón

Tokusan, fue al comedor desde la sala de meditación sosteniendo su cuenco. *Seppo*, estaba de guardia cocinando y cuando vió a *Tokusan*, dijo:

- "El tambor de la cena aún no ha tocado. ¿Adónde vas con tu tazón?".

Entonces T*okusan* regresó a su habitación.

Seppo le contó a *Ganto* sobre esto. Y *Ganto* dijo:

- "El viejo *Tokusan* no entendió la verdad última".

Tokusan se enteró de este comentario y le pidió a *Ganto* que fuera a verlo.

- "Escuché" -dijo- "que no estás aprobando mi zen".

Ganto admitió esto indirectamente y *Tokusan* no dijo nada.

Al día siguiente, *Tokusan* pronunció un tipo de conferencia completamente diferente para los monjes. *Ganto* se rió y aplaudió, diciendo:

- "Veo que nuestro viejo entiende la verdad última. Nadie en China puede superarlo".

Comentario de Mumon: Hablando de la verdad última, tanto *Ganto* como *Tokusan* ni siquiera la soñaron. Después de todo, son necios.

Quien entiende la verdad primera
Debe entender la verdad última.
Lo último y lo primero,
¿no son lo mismo?

Comentarios de Norberto Tucci: De tus acciones y actos, se deriva y se deduce tu conocimiento de la verdad, tu conocimiento del camino.

Conocer el camino es conocer la verdad y conocer la verdad es conocer el camino.

14.
Nansen corta al gato en dos

Nansen vio a los monjes de los salones este y oeste peleándose por un gato. Agarró al gato y les dijo a los monjes:
- "Si alguno de vosotros dice una buena palabra, puede salvar al gato".

Nadie respondió. Así que *Nansen* cortó audazmente al gato en dos partes.

Esa noche, *Joshu* regresó y *Nansen* le contó sobre esto.

Joshu se quitó las sandalias y colocándoselas en la cabeza, salió.

Nansen dijo:
- "Si hubieras estado allí, podrías haber salvado al gato".

Comentario de Mumon: ¿Por qué *Joshu* se puso las sandalias en la cabeza? Si alguien responde a esta pregunta, entenderá exactamente cómo Nansen hizo cumplir el edicto. Si no, debería vigilar su propia cabeza.

Si Joshu hubiera estado allí,
habría hecho cumplir el edicto de manera distinta.
Joshu le arrebataría la espada
y Nansen rogaría por su vida.

Comentario de Norberto Tucci: El apego a las cosas, animales y personas, es algo que un monje o estudiante de zen, debe de evitar, pero es algo natural y consustancial al ser humano. La forma tajante de romper con el apego de los monjes por el gato y con su disputa, llevado a cabo por *Nansen*, cortando al gato por la mitad, fue del todo desproporcionada. No se justifica acabar con la vida de un animal, para terminar con un apego, porque para terminar con los apegos, se debe trabajar el interior de las personas y no el exterior.

La forma de *Joshu* de ponerse las sandalias en la cabeza, cuyo lugar está en el sitio opuesto, en los pies y cuya utilidad es andar y proteger a los pies, fue una forma de decir a *Nansen* que su acción de matar al gato y partirlo, estuvo equivocada y que no sirvió para superar el apego de los monjes, que sirvió lo mismo que sirven las sandalias puestas en la cabeza para andar, es decir, para nada. *Nansen* lo entendió de forma inmediata y se dio cuenta de su error.

15.
Los tres golpes de Tozan

Tozan fue a ver a *Ummon*. Y *Ummon* le preguntó de dónde venía.

Tozan dijo:

- "De la aldea de *Sato*".

Ummon preguntó:

- "¿En qué templo permaneciste durante el verano?".

Tozan respondió:

- "En el templo de *Hoji*, al sur del lago".

- "¿Cuándo te fuiste de allí?" -preguntó *Ummon*- cuestionándose cuánto tiempo continuaría *Tozan* con tales respuestas fácticas.

-El veinticinco de agosto -respondió *Tozan*-.

Ummon dijo:

- "Debería darte tres golpes con un palo, pero hoy te perdono".

Al día siguiente, *Tozan* se inclinó ante *Ummon* y le preguntó:

- "Ayer me perdonaste tres golpes. No sé por qué pensaste que había obrado mal".

Ummon, reprendiendo las respuestas sin espíritu de *Tozan*, dijo:

- "No sirves para nada. Simplemente vagas de un monasterio a otro".

Antes de que terminaran las palabras de *Ummon*, *Tozan* se iluminó.

Comentario de Mumon: *Ummon* alimentó a *Tozan* con una buena comida zen. Si *Tozan* podía digerirla, *Ummon* podría agregar otro miembro a su familia.

Por la tarde, *Tozan* nadó en el mar de los buenos y malos, pero al amanecer, *Ummon* aplastó su cáscara de nuez. Después de todo, él no era tan inteligente.

Ahora, te quiero preguntar: ¿Se merecía *Tozan* los tres golpes?

Si dices que sí, no solo *Tozan* sino cada uno de vosotros los merece. Si dices que no, *Ummon* está diciendo una mentira.

Si respondes claramente a esta pregunta, podrás comer la misma comida que *Tozan.*

La leona enseña a sus cachorros con rudeza;
Los cachorros saltan y ella los derriba.
Cuando Ummon vio a Tozan, su primera flecha fue ligera;
Pero su segunda flecha se disparó profundamente.

Comentario de Norberto Tucci: Mantener el centro, mantenerse centrado y en el momento presente, es una de las enseñanzas básicas y continuas para los monjes y estudiantes zen.

Las palabras no tienen significado en sí mismas, más que el significado que les atribuimos y todo el significado de las mismas, depende de la atención de quien habla y de la atención de quien escucha.

Lo importante de la pregunta del maestro, no era satisfacer la curiosidad del lugar de donde venía el monje, sino hacerle tomar conciencia del lugar donde estaba en ese momento, hacerle tomar conciencia del ahora, del momento presente.

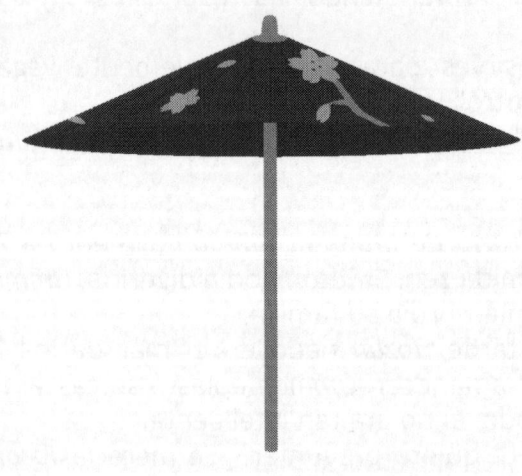

16.
Campanas y túnicas

Ummon preguntó:
- "El mundo es tan amplio, ¿por qué respondes a una campana y te pones túnicas ceremoniales?"

Comentario de Mumon: Cuando uno estudia zen, no necesita seguir el sonido, el color o la forma. Aunque algunos han logrado el discernimiento al escuchar una voz o ver un color o una forma, esta es una forma común, no es el verdadero zen. El verdadero estudiante zen controla el sonido, el color y la forma y actualiza la verdad en su vida cotidiana.

El sonido llega al oído, el oído va al sonido. Cuando borras el sonido y el sentido, ¿qué entiendes?

Mientras se escucha con los oídos, nunca se puede entender. Para entender íntimamente uno debe ver el sonido.

Cuando comprendes, perteneces a la familia;
Cuando no entiendes, eres un extraño.
Los que no entienden, pertenecen a la familia,
y cuando entienden, son extraños.

Comentario de Norberto Tucci: El conocimiento intelectual, no es el conocimiento válido, se trata de un conocimiento basado solo en el razonamiento y en la memoria. El verdadero conocimiento, viene dado al tomar conciencia del Yo, lo cual se puede lograr de varias formas y maneras. Los sentidos nos dan información del exterior, pero también nos engañan, ya que toda esa información pasa por nuestra mente que la analiza e interpreta, con lo que esa información queda sesgada y carece de valor auténtico. Por eso se plantea obtener la información directamente de la fuente, sin interpretarla con los sentidos, para no adulterarla y *Mumon* nos pone para ello, el ejemplo de ver el sonido, lo cual parece incongruente, pero se refiere a obtener la información de forma directa de la fuente, viviendo el presente y sintiéndolo, sin interpretar las sensaciones obtenidas por los sentidos a través de la mente racional.

17.
Las tres llamadas del maestro del emperador

Chu, llamado *Kokushi*, el maestro del emperador, llamó a su asistente:
- "*Oshin*".
Oshin, respondió:
- "Sí".
Chu repitió, para poner a prueba a su alumno:
- "*Oshin*".
Y *Oshin* repitió:
- "Sí".
Chu volvió a llamarle:
- "*Oshin*".
Y *Oshin* respondió:
- "Sí".
Entonces *Chu* dijo:
- "Debería disculparme contigo por todas estas llamadas, pero en realidad deberías disculparte conmigo".

Comentario de Mumon: Cuando el viejo *Chu*, llamó a *Oshin* tres veces, su lengua se estaba pudriendo, pero cuando *Oshin* respondió tres veces, sus palabras fueron brillantes. *Chu* se estaba volviendo decrépito y solitario y su método de enseñanza era como sostener la cabeza de una vaca para alimentarla con tréboles.

Pero *Oshin* tampoco se molestó en mostrar su zen y su estómago satisfecho no tenía deseos de darse un festín.

Cuando el país es próspero todos son indolentes; cuando el hogar es rico, los niños se malcrían.

Ahora quiero preguntaros: ¿Quién debería disculparse?

Cuando el cepo de la prisión es de hierro y hay poco lugar para la cabeza, el prisionero está doblemente en problemas.

Cuando no hay lugar para el zen, en la cabeza de nuestra generación, ésta se encuentra en graves problemas.

Si tratas de sostener el portón y la puerta de una casa que se derrumba, también estarás en problemas.

Comentarios de Norberto Tucci: El Tao te King, en su versículo 2, dice:

2

"Cuando reconocemos algo como bello,
estamos admitiendo la existencia de lo feo.
Cuando reconocemos algo como bueno,
damos lugar a la existencia de lo malo.
"Ser" y "no ser" se generan mutuamente.

Lo difícil y lo fácil, se complementan.
Lo largo y lo corto, definen a su opuesto.
Lo alto y lo bajo, dependen uno del otro.
El antes y el después se suceden continuamente.

Así; el Sabio resuelve sus asuntos sin intervenir
y enseña sin hablar.
Crea las cosas sin poseerlas
y cuando se van, las deja marchar.
Tiene pero no posee, por eso siempre tiene.
Cuando termina su trabajo, no se apega a él
y por eso su obra es imperecedera".

Comentario *de Norberto Tucci* **al verso del Tao Te King:** Cuando emitimos "juicios" sobre las cosas, cuando tomamos partido por algo, cuando ejercitamos cualquier acción de "libertad" de elección, estamos siempre produciendo consecuencias, lo queramos admitir o no, siendo o sin ser conscientes de ello. Para que exista el "ser", tiene que existir el opuesto "no ser" y viceversa.

Conociendo pues estos principios y consecuencias, en una aplicación práctica de las cuestiones, el prototipo del hombre "sabio", practica con el ejemplo. Resuelve sus asuntos sin involucrarse en ellos, manteniéndose siempre al margen, porque conoce cual es el fluir del Tao. No se apega a las cosas, a las posesiones, ni siquiera al resultado de sus actuaciones, hace las cosas sabiamente y desaparece sin esperar más.

La filosofía taoísta se recoge en el libro de Lao Tse, "Tao Te king" y es una filosofía dualista, basada en la acción continua de las fuerzas contrarias y complementarias yin y yang y en la fuerza del movimiento continuo de transformación de unas en otras. Esta filosofía defiende los valores de la suavidad frente a la dureza, de la flexibilidad frente a la rigidez y de la vida frente a la muerte.

18.
Las tres libras de Tozan

Cuando estaba pesando un poco de lino, un monje le preguntó a *Tozan*:
- "¿Qué es Buda?"
Tozan dijo:
- "Este lino pesa tres libras".

Comentario de Mumon: El zen del viejo T*ozan*, es como una almeja. En el momento en que se abre el caparazón, ves todo el interior. Sin embargo, quiero preguntarte: ¿Ves el verdadero *Tozan*?

Tres libras de lino frente a tu nariz,
Lo suficientemente cerca y la mente aún está más cerca.
Quien habla de afirmación y negación
Vive en la región correcta y en la incorrecta.

Comentarios de Norberto Tucci: Hay un momento para cada cosa y debemos centrarnos en cada momento en lo que estamos haciendo y no estar ocupados pensando en otras cosas. Esto es la "atención" correcta en el momento presente o "mindfulness" y es uno de los medios de los que se sirve el zen, así como otras filosofías orientales.

Cuando *Mumon* nos aporta su verso, nos induce a centrarnos en el lino que tenemos delante y nos quiere conducir a no hacer juicios mentales en ese momento, solo debemos sentir y vivir el presente, percibiendo el olor del lino que tenemos delante.

19.
La vida cotidiana es el camino

Joshu le preguntó a *Nansen*:
- "¿Cuál es el camino?"
Nansen dijo:
- "La vida cotidiana es el camino".
Joshu preguntó:
- "¿Se puede estudiar?"
Nansen dijo:
- "Si tratas de estudiarlo, estarás muy lejos de eso".
Joshu dijo:
- "Si no estudio, ¿cómo puedo saber cuál es el camino?"
Nansen dijo:
- "El camino no pertenece al mundo de la percepción, ni pertenece al mundo de la no percepción. La cognición es un engaño y la no cognición no tiene sentido. Si quieres alcanzar el verdadero camino más allá de toda duda, colócate en la misma libertad que el cielo. No lo nombres ni bueno ni no bueno.
Al escuchar estas palabras, *Joshu* se iluminó.

Comentario de Mumon: *Nansen* podría haber derretido las dudas congeladas de *Joshu* de inmediato, cuando *Joshu* hizo sus preguntas. Sin embargo, dudo que *Joshu* hubiera llegado al punto al que llegó *Nansen*. Necesitaría treinta años más de estudio.

En primavera, hay cientos de flores; en otoño, la luna de cosecha;
En verano, una brisa refrescante; en invierno, la nieve te acompañará.
Si las cosas inútiles no cuelgan en tu mente,
Cualquier estación será una buena estación para ti.

Comentarios de Norberto Tucci: *Nansen*, podría haber empezado a explicarle a *Joshu*, de una forma racional y concreta cuál es el camino, ya que tenía la preparación intelectual adecuada para hacerlo, pero no optó por ese medio racional y acudió a la explicación de los principios de actuación de las leyes generales de la vida, que en su aplicación le dieron la solución que buscaba a *Joshu*. Una vez más, le enseño de la *forma oriental*, de una *forma indirecta*, haciendo que el alumno llegue a su propia conclusión, directa y fresca y que de esta forma, será su conclusión y no la conclusión que el maestro le había "prestado".

20.
El hombre iluminado

Shogen preguntó:
- "¿Por qué el hombre iluminado no se pone de pie y se explica?".
Y añadió:
- "No es necesario que el habla venga de la lengua".

Comentario de Mumon: *Shogen* hablaba con bastante claridad, pero ¿cuántos le entenderían?
Si alguien comprende, que venga a mi casa y que pruebe mi gran garrote. Mira, para probar el oro real, debes verlo a través del fuego.

Si los pies de la iluminación se movieran, el gran océano se desbordaría;
Si esa cabeza se inclinara, miraría hacia los cielos.
Tal cuerpo no tiene lugar para descansar...
Que otro continúe este poema.

Comentarios de Norberto Tucci: El zen no se puede explicar con palabras, más bien se trata de "aprehenderlo", de sentirlo, se trata más de una sensación que de un conocimiento racional. La mente racional es demasiado estrecha para abarcar el zen, para abarcar la inmensidad del mundo y de la vida. Por eso, la filosofía zen, es una filosofía de transmisión oral, que no está recogida o resumida en ninguna obra en concreto y a través de las historias zen, el ser humano puede ir poco a poco aprendiendo a conocerla, desvelando su significado y liberándose de los yugos de la mente que nos impiden acceder al estado de felicidad o de liberación, llamado el *satori*. En los monasterios zen, los monjes realizan trabajos físicos e intelectuales, para preparar la mente y el cuerpo, para asimilar la filosofía zen. Es casi por contagio, como si de un rayo se tratase, como el individuo se da cuenta de cómo funcionan su mente y cuales son las trabas que tiene que superar para ser más libre y por lo tanto más feliz.

21.
El estiércol seco

Un monje le preguntó a *Ummon*:
- "¿Qué es Buda?"
Ummon le respondió:
- "Estiércol seco".

Comentario de Mumon: Parecería que *Ummon* era tan pobre que no podía distinguir el sabor de una comida de otra, o que estaba demasiado ocupado para escribir con letras legibles. Cuando trató de sostener su escuela con estiércol seco, su enseñanza fue igual de inútil.

> *Destellos de relámpagos,*
> *Lluvia de chispas*
> *En un abrir y cerrar de ojos*
> *has dejado de verlo.*

Comentarios de Norberto Tucci: La idea que subyace aquí, es que para la iluminación por el zen, ni siquiera son imprescindibles las enseñanzas de Buda, que eran la base de la enseñanza zen.

22.
El cartel de predicador de Kashapa

Ananda le preguntó a *Kashapa*:
- "Buda te dio la túnica dorada de la sucesión. ¿Qué más te dio?".
Kashapa dijo:
- "*Ananda*".
Ananda respondió:
- "Sí, hermano".
Y dijo *Kashapa*:
- "Ahora puedes quitar mi letrero de predicador y poner el tuyo".

Comentario de Mumon: Si uno entiende esto, verá que la antigua hermandad aún se reúne, pero sino, aunque haya estudiado la verdad desde edades anteriores a los Budas, no alcanzará la iluminación.

El punto de la pregunta es aburrido pero la respuesta es íntima.
¿Cuántas personas al oírlo abrirán los ojos?
El hermano mayor llama y el hermano menor responde,
Esta primavera no pertenece a la estación ordinaria.

Comentarios de Norberto Tucci: *Kashapa* estaba tan preocupado por su carácter de predicador, representado por la túnica dorada, que se olvidó de la esencia, de lograr su iluminación y la pregunta de su compañero y discípulo *Ananda*, le hizo consciente de esa situación, por lo que *Kashapa* quiso abandonar su profesión al instante y dejar de ser predicador.

23. No pienses bien, no pienses mal

Cuando se emancipó, el sexto patriarca recibió del quinto el cuenco y la túnica entregados por Buda a sus sucesores, generación tras generación.

Un monje llamado *E-myo*, por envidia persiguió al patriarca para quitarle este gran tesoro. El sexto patriarca colocó el cuenco y la túnica sobre una piedra en el camino y le dijo a *E-myo*:

- "Estos objetos simplemente simbolizan la fe. No tiene sentido pelear por ellos. Si deseas tomarlos, tómalos ahora".

Cuando *E-myo* fue a mover el cuenco y la túnica, pesaban como montañas. No podía moverlos. Temblando de vergüenza, dijo:

- "Vine queriendo la enseñanza, no los tesoros materiales. Por favor, enséñame".

El sexto patriarca dijo:

- "Cuando no piensas bien y cuando no piensas mal, ¿cuál es tu verdadero yo?".

Con estas palabras, *E-myo* se iluminó.

La transpiración estalló por todo su cuerpo. Lloró y se inclinó, diciendo:

- "Me has dado las palabras y los significados secretos. ¿Hay todavía una parte más profunda de la enseñanza?".

El sexto patriarca respondió:

- "Lo que te he dicho no es ningún secreto. Cuando te des cuenta de tu verdadero ser, el secreto te pertenecerá".

E-myo dijo:

- "Estuve bajo el quinto patriarca muchos años, pero no pude darme cuenta de mi verdadero yo hasta ahora. A través de tus enseñanzas, encuentro la fuente. Una persona bebe agua y sabe si está fría o caliente. ¿Puedo llamarte mi maestro?".

El sexto patriarca respondió:

- "Estudiamos juntos con el quinto patriarca. Llámalo tu maestro, pero atesora lo que has logrado".

Comentario de Mumon: El sexto patriarca ciertamente fue amable en tal emergencia. Era como si quitara la piel y las semillas de la fruta y luego, abriendo la boca del alumno, le dejara comer.

> *No puedes describirlo, no puedes imaginarlo,*
> *no puedes admirarlo, no puedes sentirlo.*
> *Es tu verdadero yo, no tiene dónde esconderse.*
> *Cuando el mundo sea destruido, no será destruido.*

Comentarios de Norberto Tucci: El verdadero yo, se refiere al Yo superior, al que está por encima del yo físico, del yo emocional y del yo mental inferior, que está por encima del bien y del mal. Ese es el Yo que sobrevive a la muerte y ser consciente de ese Yo, es iluminarse.

24.
Sin palabras, sin silencio

Un monje le preguntó a *Fuketsu*:

- "Sin hablar, sin guardar silencio, ¿cómo puedes expresar la verdad?".

Fuketsu observó:

- "Siempre recuerdo la primavera en el sur de China. Los pájaros cantan entre innumerables tipos de flores fragantes".

Comentario de Mumon: *Fuketsu* solía tener un relámpago zen y cada vez que tenía la oportunidad, lo mostraba. Pero esta vez no lo hizo y solo tomó algo prestado de un antiguo poema chino. No importa el zen de *Fuketsu*. Si quieres expresar la verdad, tira tus palabras, tira tu silencio y cuéntame sobre tu propio zen.

Sin revelar su propia penetración,
ofreció las palabras de otro, no las suyas para dar.
Si hubiera hablado una y otra vez,
incluso sus oyentes se habrían avergonzado.

Comentarios de Norberto Tucci: Mediante palabras es muy difícil explicar la Verdad, porque pertenece a otro plano, no al plano intelectual de las palabras. Haciendo alusión al poema chino, *Fuketsu* trasladó a su oyente a un estado emocional, distinto del racional y le hizo sentir los diferentes cuerpos: el mental inferior de las palabras y el astral o de las emociones. Al percibir esta diferencia, el oyente se percató de esta situación y recordó que somos más que nuestros cuerpos inferiores.

25.
Predicando desde el Tercer Asiento

En un sueño, *Kyozan* fue a la Tierra Pura de *Maitreya*. Se reconoció sentado en el tercer asiento de la morada de *Maitreya* y alguien anunció:

- "Hoy predicará el que se sienta en el tercer asiento".

Kyozan se levantó y golpeando el mazo, dijo:

- "La verdad de la enseñanza *Mahayana* es trascendente, por encima de las palabras y del pensamiento. ¿Lo entendéis?".

Comentario de Mumon: Quiero preguntaros, monjes: ¿Predicó Kyozan o no?

Si abre la boca está perdido. Si sella su boca, está perdido. Si no la abre y si no la sella, está a 108.000 millas de la verdad.

A la luz del día,
Sin embargo, en un sueño habla de un sueño.
Un monstruo entre monstruos,
tenía la intención de engañar a toda la multitud.

Comentarios de Norberto Tucci: Nuevamente se hace referencia a que la Verdad no puede ser explicada, ni aprehendida mediante palabras, porque la Verdad es superior a la lógica de las palabras y escapa a esta lógica. Pero como necesitamos de un vehículo de comunicación, nos vemos obligados a emplear las palabras para transmitir informaciones. Y al emplearlas surgen los problemas por su mala interpretación, que conducen al engaño.

26.
Dos monjes enrollan la pantalla

Hogen del monasterio de *Seiryo*, estaba a punto de dar una conferencia antes de la cena, cuando notó que la pantalla de bambú, que había sido bajada para la meditación, no había sido enrollada de nuevo. Y así lo señaló. Entonces, dos monjes se levantaron de la audiencia y la enrollaron.

Hogen, observando el momento físico, dijo:
- "El estado del primer monje es bueno, no el del otro".

Comentario de Mumon: Quiero preguntarte: ¿Cuál de esos dos monjes ganó y cuál perdió? Si alguno de ustedes tiene un ojo, verá el fracaso por parte del maestro. Sin embargo, no estoy discutiendo ganancias y pérdidas.

Cuando se enrolla la pantalla, se abre el gran cielo,
pero el cielo no está en sintonía con el zen.
Es mejor olvidar el gran cielo
Y retirarse de todo viento.

Comentarios de Norberto Tucci: *Hogen*, el maestro, no estuvo acertado en su indicación de mandar levantar la pantalla de bambú, según *Mumon*, ya que eso le hizo despistarse del objeto de su conferencia y se perdió en las circunstancias de la sala, fijándose en la situación de la pantalla de bambú y perdiendo el centro de sí mismo para dar su conferencia. Al retirar la pantalla de bambú, el cielo nocturno hizo su aparición y la presencia de los monjes también se evidenció, surgiendo la crítica en la mente de *Hogen*, de una forma automática, al analizar a los dos monjes sin haberlo pretendido y de una forma automática. Aparecieron el cielo y el aire libre con el viento, pero también surgió la crítica humana y se perdió el centro por parte de *Hogen*, al realizar la crítica.

27.
No es la mente, no es Buda, no son las cosas

Un monje le preguntó a *Nansen:*
- "¿Hay alguna enseñanza que ningún maestro haya predicado antes?".
Nansen dijo:
- "Sí, lo hay".
- "¿Cúal es?" -preguntó el monje-.
Nansen respondió:
- "No es la mente, no es Buda, no son las cosas".

Comentario de Mumon: El viejo *Nansen* regaló sus palabras-tesoro. Debe haber estado muy molesto.

Nansen fue demasiado amable y perdió su tesoro.
En verdad, las palabras no tienen poder.
Aunque la montaña se convierta en mar,
las Palabras no pueden abrir la mente de otro.

Comentarios de Norberto Tucci: De nuevo se insiste en que a través del razonamiento no se puede llegar a la Verdad o a la iluminación, que es el camino para encontrarla. Las palabras tan solo nos confunden y nos encierran en nuestro cuerpo mental inferior y lógico, haciéndonos olvidar que somos más que el cuerpo físico y el mental inferior.

28.
Sopla la vela

Tokusan, estaba estudiando zen con *Ryutan.* Una noche fue a ver a *Ryutan* e hizo muchas preguntas.

El maestro dijo:

- "La noche se está haciendo vieja. ¿Por qué no te retiras?".

Entonces *Tokusan* hizo una reverencia y abrió la pantalla para salir, observando:

- "Está muy oscuro afuera".

Ryutan le ofreció a *Tokusan* una vela encendida para encontrar su camino. Pero justo cuando *Tokusan* la recibía, *Ryutan* la apagó. En ese momento se abrió la mente de *Tokusan.*

- "¿Qué has logrado?" -preguntó *Ryutan*-.

- "De ahora en adelante" -dijo *Tokusan*- "no dudaré de las palabras del maestro".

Al día siguiente, *Ryutan* les dijo a los monjes en su conferencia:

- "Veo a un monje entre vosotros. Sus dientes son como el árbol de la espada, su boca es como el cuenco de sangre. Si le golpeas fuertemente con un bastón grande, ni siquiera se moverá ni mirará hacia atrás. Algún día subirá al pico más alto y llevará allí mis enseñanzas".

Ese día, frente a la sala de conferencias, *Tokusan* redujo a cenizas sus comentarios sobre los sutras y dijo:

- "Por abstrusas que sean las enseñanzas, en comparación con esta iluminación, son como un solo cabello para el gran cielo. Por profundo que sea el complicado conocimiento del mundo, en comparación con esta iluminación es como una gota de agua para el gran océano".

Luego abandonó ese monasterio.

Comentario de Mumon: Cuando *Tokusan* estaba en su propio país, no estaba satisfecho con el zen, aunque había oído hablar de él. Pensó: "Esos monjes del sur dicen que pueden enseñar el *Dharma* fuera de los *sutras.* Están todos equivocados. Debo enseñarles". Así que viajó al sur y se detuvo cerca del monasterio de *Ryutan* para tomar un refrigerio. Una anciana que estaba allí le preguntó:

- "¿Qué llevas ahí que pesa tanto?".

Tokusan respondió:

- "Es un comentario que hice sobre el *Sutra del diamante*, después de muchos años de trabajo".

La anciana dijo:

- "Leí ese sutra que dice: 'La mente pasada no puede ser retenida, la mente presente no puede ser retenida, la mente futura no puede ser retenida'. Si deseas algo de té y refrescos. ¿Qué mente te propones usar para ellos?".

Tokusan estaba como mudo. Finalmente le preguntó a la mujer:

- "¿Conoces algún buen maestro por aquí?"

La anciana le refirió a *Ryutan*, a no más de cinco millas de distancia. Así que fue a *Ryutan* con toda humildad, muy diferente de cuando había comenzado su viaje. *Ryutan*, a su vez, fue tan amable que olvidó su propia dignidad. Era como verter agua fangosa sobre un borracho para que se quede sobrio. Después de todo, era una comedia innecesaria.

> *Cien oídos no pueden superar a algo que se ve,*
> *pero después de ver al maestro, esa mirada no puede*
> *superar a cien oídos.*
> *Su nariz era muy alta.*
> *Pero estaba ciego después de todo.*

Comentarios de Norberto Tucci: *Tokusan,* pensaba que los sutras eran el único camino para la iluminación y por eso cargaba con su comentario racionalista al *Sutra del Diamante*, pero el zen prescinde de los sutras para lograr la iluminación. *Tokusan,* era una persona pretenciosa y arrogante, que se creía en la posesión de la verdad y que todos los demás estaban equivocados, por eso hace *Mumon* hace referencia a su nariz que levanta en su poema final. E insiste en que estaba equivocado en su creencia.

29.
Ni el viento, ni la bandera

Dos monjes discutían sobre una bandera. Uno decía:
- "La bandera se mueve".
El otro decía:
- "El viento se mueve".
El sexto patriarca pasaba por allí y les dijo:
- "Ni el viento, ni la bandera, la mente es la que se está moviendo".

Comentario de Mumon: El sexto patriarca dijo: "El viento no se mueve, la bandera no se mueve. La mente se mueve". ¿Qué quiso decir? Si entiendes esto íntimamente, verás a los dos monjes tratando de comprar hierro y ganando oro. El sexto patriarca no podía soportar ver esas dos cabezas aburridas, por lo que hizo tal afirmación.

Viento, bandera, mente se mueven,
El mismo entendimiento.
Cuando se abre la boca
Todos están equivocados.

Comentarios de Norberto Tucci: Las palabras conducen al engaño y el sexto patriarca las utilizó para que los dos monjes se percatasen de ello, pero al utilizar las palabras, también entró en el engaño.

30.
Esta mente es Buda

Daíbai, le preguntó a *Baso*:
- "¿Qué es Buda?".
Baso dijo:
- "Esta mente es Buda".

Comentario de Mumon: Si alguien entiende esto por completo, está vestido con la ropa de Buda, está comiendo la comida de Buda, está pronunciando las palabras de Buda, se está comportando como Buda, es Buda.

Esta anécdota, sin embargo, ha dado a muchos alumnos la enfermedad de la formalidad. Si uno realmente la comprende, se lavará la boca durante tres días después de decir la palabra Buda, cerrará sus oídos y huirá después de escuchar: "Esta mente es Buda".

Bajo el cielo azul, bajo la brillante luz del sol,
Uno no necesita buscar alrededor.
Preguntar qué es Buda,
es como esconder un botín en el bolsillo y declararse
inocente.

Comentarios de Norberto Tucci: Solo el que está en la disposición adecuada, es capaz de interpretar el significado correcto de estas palabras, que nuevamente, como todas las palabras conducen al engaño.

31.
Joshu investiga

Un monje viajero le preguntó a una anciana el camino hacia *Taizán*, un templo popular que supuestamente daba la sabiduría a quien allí adoraba.

La anciana dijo:

- "Sigue recto".

Cuando el monje avanzó unos pasos, se dijo a sí misma:

- "Él también es un feligrés común".

Alguien le contó este incidente a *Joshu,* quien dijo:

- "Espera hasta que investigue".

Al día siguiente fue e hizo la misma pregunta y la anciana le dio la misma respuesta.

Joshu comentó:

- "He investigado a esa anciana".

Comentario de Mumon: La anciana entendió cómo se planea la guerra, pero no sabía cómo los espías se escabullen detrás de su tienda. El viejo *Joshu* hizo el trabajo de espía y le dio la vuelta a ella, pero ella no fue un general capaz. Ambos tenían sus defectos. Ahora quiero preguntaros: ¿Cuál fue el motivo de que *Joshu* investigara a la anciana?

Cuando la pregunta es común
La respuesta también es común.
Cuando la pregunta es arena en un cuenco de arroz hervido,
La respuesta es un palo en el barro blando.

Comentarios de Norberto Tucci: El relato está repleto de simbolismos. En primer lugar, la respuesta de la anciana: "sigue recto", puede ser entendida como "mantente firme o haz lo correcto". Este doble sentido de las palabras y la conclusión de la vieja: "Él también es un feligrés común", es lo que le hace sospechar al tercero, de que la vieja era más conocedora de la verdad de lo que parecía, por lo que *Joshu* es enviado para investigar cual es la realidad de la situación.

Y *Mumon* nos cuestiona, para ver si nos hemos dado cuenta de este doble significado de las palabras y finalmente, nos regala su poema en cuatro estrofas, que resulta muy aclaratorio.

32.
Un filósofo le pregunta a Buda

Un filósofo le preguntó a Buda:
- "Sin palabras, ¿me dirás la verdad?".
El Buda guardó silencio.
El filósofo hizo una reverencia y agradeció al Buda, diciendo:
- "Con tu amorosa bondad, he limpiado mis engaños y he entrado en el camino verdadero".
Después de que el filósofo se fue, *Ananda* le preguntó al Buda qué había logrado.
El Buda respondió:
- "Un buen caballo corre incluso a la sombra del látigo".

Comentario de Mumon: *Ananda* fue discípulo de Buda. Aun así, su opinión no superó la de los forasteros. Quiero preguntaros monjes: ¿Cuánta diferencia hay entre discípulos y extraños?

Para pisar el filo afilado de una espada,
Para correr sobre hielo suave y congelado,
Uno no necesita pasos para seguir.
Camina sobre los acantilados con las manos libres.

Comentarios de Norberto Tucci: Cuestionando la figura de *Ananda*, uno de los discípulos principales de Buda, *Mumon* nos recuerda que es de humanos equivocarse con el lenguaje, que lleva a la dualidad.

33.
Esta mente no es Buda

Un monje le preguntó a *Baso*:
- "¿Qué es Buda?"
Baso dijo:
- "Esta mente no es Buda".

Comentario de Mumon: Si alguien entiende esto, es un graduado de zen.

Si te encuentras con un maestro de esgrima en el camino, puedes darle tu espada,
si te encuentras con un poeta, puedes ofrecerle tu poema.
Cuando te encuentres con otros, di solo una parte de lo que pretendes.
Nunca des todo de una vez.

Comentarios de Norberto Tucci: *Matsuo Basho*, fue el poeta más famoso del período *Edo* de Japón. Hoy es reconocido como el mayor maestro de los *haikus* (poesía japonesa) y por sus ensayos de viajes y poesía, cuyos poemas se reproducen en los monumentos y sitios tradicionales de Japón. Al poner en boca de *Basho* esta pregunta, se da lugar a un precioso *mini haiku* en la respuesta: *"Esta mente no es Buda"*. La finalidad de este *haiku*, es demostrar una vez más, la inutilidad de las palabras. Con el poema final, *Mumon*, nos alerta para que seamos cautos con nuestras palabras.

34.
Aprender no es el camino

Nansen dijo: "La mente no es Buda. El aprendizaje no es el camino".

Comentario de Mumon: *Nansen* estaba envejeciendo y se olvidó de avergonzarse. Habló con mal aliento y expuso el escándalo de su propia casa. Sin embargo, son pocos los que aprecian su amabilidad.

> *Cuando el cielo está despejado, aparece el sol,*
> *Cuando la tierra está reseca, caerá la lluvia.*
> *Abrió completamente su corazón y habló,*
> *pero era inútil hablar con cerdos y peces.*

Comentarios de Norberto Tucci: Se refiere a la mente intelectual, a la mente inferior o lógica humana, esa es la que no es el Buda, por lo cual, el cúmulo de enseñanzas en forma intelectual, no lleva nunca a nada. *Mumon,* se refiere a la valentía y al atrevimiento de *Nansen* con esta afirmación, que pueden ir en su contra, pero la afirmación la mantiene igual: *el aprendizaje no es el camino.*

En los versos de *Mumon,* se nos recuerda que según el taoísmo, al final de *Yang,* viene el *Yin* y al final del *Yin* llega el *Yang;* todo está en *continua transformación* en el universo. Y también que *Nansen* abrió su corazón, es decir, dijo la verdad, a pesar de muchos no pudieran entenderlo, porque lo interpretarían mal.

35.
Dos almas

Seijo, la china -observó *Goso*- tenía dos almas, una siempre enferma y en casa y la otra en la ciudad, era una mujer casada con dos hijos. ¿Cuál era su alma verdadera?

Comentario de Mumon: Cuando uno comprende esto, sabrá que es posible salir de un caparazón y entrar en otro, como si uno se detuviera en una casa de huéspedes de forma transitoria. Pero si no se puede entender, cuando llegue su hora y sus cuatro elementos se separen, será como un cangrejo sumergido en agua hirviendo, luchando con muchas manos y piernas. En tal situación, podrá alegar: "¡*Mumon* no me dijo a dónde ir!", pero entonces será demasiado tarde.

> *La luna sobre las nubes, es la misma luna,*
> *Las montañas y los ríos de abajo, son todos diferentes.*
> *Cada uno es feliz en su unidad y variedad.*
> *Esto es el uno, esto son dos.*

Comentarios de Norberto Tucci: Cuando se dice que *Seijo* tenía dos almas, se refiere a sus personalidades, a que su forma de actuar era distinta según donde estuviera y lo que hiciera. Con esto nos recuerda que la personalidad adoptada por el Ego, es solo temporal, como la estancia en una casa de huéspedes y que como todo o que tiene un principio, tendrá su fin. Y para ello hay que estar preparado.

Con el poema, *Mumon*, nos recuerda la relatividad de las cosas y la unidad del universo en la variedad de las manifestaciones de las diversas realidades.

36.
El encuentro con un maestro zen en el camino

Goso dijo:
- "Cuando te encuentras con un maestro zen en el camino, no puedes hablar con él y no puedes enfrentarlo con el silencio. ¿Qué puedes hacer?".

Comentario de Mumon: En tal caso, si puedes responderle íntimamente, tu realización será hermosa, pero si no puedes, debes mirar a tu alrededor sin ver nada.

Al encontrarte con un maestro zen en el camino,
no lo enfrentes ni con palabras ni con el silencio.
Hazle un guiño
y te llamarán alguien que entiende el zen.

Comentarios de Norberto Tucci: Para el zen, las palabras no son importantes, porque se trata más de una sensación, de una forma de entender la vida, no de un entendimiento racional de la vida. Por eso, si te encuentras a un maestro zen y hablas con él, entrarías en una contradicción al utilizar las palabras para comunicarte.

Pero si te mantienes en silencio, tampoco podrías aprovechar de su presencia ¿qué hacer entonces?

La respuesta de *Mumon* es que reacciones de acuerdo a tu interior, siguiendo el zen y encontrarás la forma. Porque no hay una forma establecida de reaccionar, cada situación deduce la suya desde el interior. Y por eso en el poema, sugiere hacer un guiño al maestro, para que sepa que le has identificado y que estás en el camino del zen, es decir, preséntate ante él de una forma zen.

37.
Un búfalo atraviesa el recinto

Goso dijo:

- "Cuando un búfalo sale de su recinto, al borde del abismo, sus cuernos, su cabeza y sus pezuñas todos pasan, pero ¿por qué no puede pasar también la cola?".

Comentario de Mumon: Si alguien puede abrir un ojo en este punto y decir una palabra de zen, está calificado para pagar las cuatro gratificaciones y no solo eso, puede salvar a todos los seres sintientes debajo de él. Pero si no puede decir tal palabra de verdadero zen, debe volver a su cola.

> *Si el búfalo corre, caerá en la trinchera;*
> *Si regresa, será masacrado.*
> *Esa colita*
> *es una cosa muy extraña.*

Comentarios de Norberto Tucci: La situación de partida, es un búfalo que se encuentra pastando al borde de un abismo, con el peligro evidente de caerse por él. La situación es difícil, porque en cualquier momento el búfalo puede caer por la montaña abajo. Las cuatro partes del búfalo; cuernos, cabeza, pezuña y cola, aquí, se relacionan con las 4 nobles verdades del budismo: 1, "La vida acarrea sufrimiento"; 2, "La causa del sufrimiento es el deseo"; 3, "El sufrimiento se puede cesar" y 4, "Hay un camino para lograrlo, que es el Óctuple Noble Sendero". Los tres primeras: cuernos, cabeza y pezuña, o bien: 1, "La vida acarrea el sufrimiento"; 2, "La causa del sufrimiento es el deseo"; 3, "El sufrimiento se puede cesar"; son fáciles de entender, pero la cuarta: la cola o el Noble óctuple sendero, debe de practicarse, no basta con conocerse. El noble óctuple sendero se compone de:
1. Recta comprensión, (samina ditthi)
2. Recto pensamiento, (samma sankappa)
3. Rectas palabras, (sammma vaca)
4. Recta acción, (samma Kammanta)

5. Rectos medios de vida, (samma ajiva)
6. Recto esfuerzo, (samma vayama)
7. Recta atención, (samma sati)
8. Recta concentración, (samma samadhi)

Y no es tan fácil de lograr cumplirlo, hay que esforzarse mucho.

38.
Un roble en el jardín

Un monje le preguntó a *Joshu* ¿por qué *Bodhidharma* vino a China?

Joshu dijo:

- "Un roble en el jardín".

Comentario de Mumon: Si uno ve claramente la respuesta de *Joshu,* no hay ningún *Buda Shakyamuni* antes que él, ni ningún Buda futuro después de él.

Las palabras no pueden describir todo.
El mensaje del corazón no puede ser entregado con palabras.
Si uno recibe las palabras literalmente, se perderá.
Si trata de explicar con palabras, no alcanzará la iluminación en esta vida.

Comentarios de Norberto Tucci: Poco más hay que añadir. Las palabras por si solas, es decir, el exceso de verborrea, no conducen a nada y menos a la iluminación. Siempre se necesita el sentimiento para lograr la iluminación. No hay que olvidarse que el ser humano está compuesto de varios cuerpos: físico, emocional y mental y que para su desarrollo completo, debe de desarrollar todos sus cuerpos: físico, emocional y mental y no solo alguno de esos cuerpos.

39.
El desvío de Ummon

Un estudiante de zen le dijo a *Ummon:*
- "El brillo de Buda ilumina todo el universo".
Antes de terminar la frase, *Ummon* preguntó:
- "Estás recitando el poema de otro, ¿no?".
- "Sí" -respondió el estudiante-.
- "Estás desviado" -dijo *Ummon*-.
Posteriormente, otro maestro, *Shishin,* preguntó a sus alumnos:
- "¿En qué momento ese estudiante se salió del camino?".

Comentario de Mumon: Si alguien percibe la habilidad particular de *Ummon,* sabrá en qué momento el estudiante se desvió del camino y será un maestro del hombre y de los Devas. Sino, ni siquiera podrá percibirse a sí mismo.

Cuando un pez encuentra el anzuelo
Si es demasiado codicioso, será atrapado.
Cuando su boca se abre
Su vida ya está perdida.

Comentarios de Norberto Tucci: El desvío del camino, se produjo en el momento de utilizar el vehículo del poeta y no el suyo propio, es decir, al utilizar la poesía de otro y las palabras de otro y sus emociones y no las suyas propias.

Porque la iluminación es personal e intransferible y lo que sirve a uno, no tiene porqué servir a otros, a pesar de que existen técnicas y formas tradicionales de prácticas, para intentar alcanzar la iluminación.

40.
Volcar un jarrón de agua

Hyakujo, deseaba enviar un monje para abrir un nuevo monasterio. Les dijo a sus alumnos que quien respondiera a una pregunta con mayor habilidad sería designado.

Colocando un jarrón de agua en el suelo, preguntó:

- "¿Quién puede decir qué es esto, sin decir su nombre?".

El monje jefe dijo:

- "Nadie puede llamarlo zapato de madera".

Isan, el monje cocinero, volcó el jarrón con el pie y se fue. *Hyakujo* sonrió y dijo:

- "El monje jefe pierde".

E *Isan,* se convirtió en el maestro del nuevo monasterio.

Comentario de Mumon: *Isan,* fue lo suficientemente valiente, pero no pudo escapar del truco de *Hyakujo.* Después de todo, dejó un trabajo liviano y aceptó uno pesado. ¿O acaso no lo veis?, se quitó un cómodo sombrero y se colocó un cepo de hierro.

Renunciar a los utensilios de la cocina,
Derrotar al parlanchín,
Aunque su maestro le pone una barrera,
Sus pies volcarán todo, incluso el Buda.

Comentarios de Norberto Tucci: La respuesta del cocinero fue burda y sin palabras, pero le satisfizo al maestro, que le nombró el nuevo maestro del nuevo monasterio. Al aceptar el cargo, el cocinero cambió su vida sencilla en la cocina, por la complicación de la vida de un maestro de monasterio.

41.
Bodhidharma pacifica la mente

Bodhidharma está sentado frente a un muro. Su futuro sucesor, se para frente a él en la nieve y le presenta su brazo amputado, gritando:

- "Mi mente no está pacificada. Maestro, pacifica mi mente".

Bodhidharma le dice:

- "Si me traes esa mente, la pacificaré por ti".

El sucesor dice:

- "Cuando busco mi mente, no puedo encontrarla".

Y *Bodhidharma* dice:

- "Entonces tu mente ya está pacificada".

Comentario de Mumon: Ese viejo hindú con los dientes rotos, *Bodhidharma,* viajó miles de millas por mar desde la India hasta China, como si tuviera algo maravilloso que contar, algo asó como hacer olas sin viento. Después de permanecer años en China, solo tuvo un discípulo, que además perdió el brazo. Por desgracia, desde entonces ha tenido varios discípulos sin cerebro.

¿Por qué vino Bodhidharma a China?
Durante años, los monjes han discutido esto.
Todos los problemas que han seguido desde entonces
Vinieron de ese maestro y su discípulo.

Comentarios de Norberto Tucci: se le atribuye a *Bodhidharma* la fundación del budismo zen y se considera que fue él quien introdujo las prácticas de meditación budista. De una forma socarrona, *Mumon,* se ríe de este maestro al que efectivamente reverencia.

42.
La niña sale de la meditación

En la época de *Buda Shakyamuni, Manjusri* fue a la asamblea de los Budas. Cuando llegó allí, la conferencia había terminado y cada Buda había regresado a su propia tierra. Solo una niña permanecía aún inmóvil, en profunda meditación.

Manjusri, le preguntó a *Buda Shakyamuni* cómo era posible que esta niña alcanzara este estado, que ni siquiera él podía alcanzar.

- "Sácala del *Samadhi* y pregúntale tú mismo", dijo el Buda.

Manjusri caminó alrededor de la chica tres veces y chasqueó los dedos. Y ella permanecía en meditación.

Entonces, por su poder milagroso, la transportó a un cielo elevado e hizo todo lo posible por llamarla, pero fue en vano.

El *Buda Shakyamuni* dijo:

- "Ni siquiera cien mil *Manjusris* podrían perturbarla, pero debajo de este lugar, más allá de mil doscientos millones de países, hay un *Bodhisattva, Mo-myo,* semilla de engaño. Si él viene aquí, ella despertará".

Tan pronto como el Buda habló, ese *Bodhisattva* surgió de la tierra, se inclinó y rindió homenaje al Buda y el Buda le indicó que despertara a la niña.

El *Bodhisattva* se colocó frente a la niña y chasqueó los dedos y en ese instante la niña salió de su profunda meditación.

Comentario de Mumon: El viejo *Shakyamuni* preparó un escenario muy pobre.

Quiero preguntaros, monjes: si *Manjusri,* quien se supone que fue el maestro de siete Budas, no pudo sacar a esta chica de la meditación, ¿cómo podría hacerlo un *Bodhisattva* que era un mero principiante?

Si entiendes esto íntimamente, tú mismo puedes entrar en la gran meditación mientras vives en el mundo de la ilusión.

Uno no pudo despertarla, el otro sí.
Ambos son buenos actores.
Uno lleva la máscara de Dios, otro la máscara del diablo.
Si ambos hubieran fracasado, el drama seguiría siendo
una comedia.

Comentarios de Norberto Tucci: El *Samadhi* o *Nirvana*, es un estado que se puede alcanzar siguiendo las técnicas de meditación y que consiste principalmente en alcanzar una visión de otro plano o dimensión.

La persona que lo logra, según el yoga (Nirvana) o las técnicas de meditación budista (Samadhi), pasa a conocer otros aspectos relevantes de la realidad, que a las personas normales le son ajenos. Buda y otros grandes maestros, alcanzaron el *Nirvana*.

43.
El bastón corto de Shuzan

Shuzan extendió su bastón corto y dijo:
- "Si llamas a esto un bastón corto, te opones a su realidad. Si no lo llamas un bastón corto, ignoras el hecho. Ahora, ¿cómo deseas llamarlo?"

Comentario de Mumon: Si llamas a esto un bastón corto, te opones a su realidad. Si no lo llamas un bastón corto, ignoras el hecho. No se puede expresar con palabras y no se puede expresar sin palabras. Ahora, dime rápidamente qué es.

> *Sosteniendo el bastón corto,*
> *da una orden de vida o muerte.*
> *Positiva y negativa, puede ser,*
> *incluso los Budas y los patriarcas no pueden escapar de*
> *su mandato.*

Comentarios de Norberto Tucci: El *khatvanga* era el bastón que llevaba *Shiva* y que se encuentra en las representaciones de esa deidad, especialmente en su aspecto temible conocido como *Bhairava*.

En los monasterios chinos, el abad del templo solía llevar un *khakkhara* (bastón) en las ceremonias importantes como símbolo de su jerarquía, con él, golpeaba tres veces el suelo, simbolizando la ruptura de la ignorancia y la llamada a todos los seres. Un monje bien entrenado, podía utilizarlo para defenderse y atacar y podía incluso acabar con la vida de un intruso.

44.
Bel bastón de Basho

Basho, le dijo a su discípulo:
- "Cuando tengas un bastón, te lo daré. Si no tienes bastón, te lo quitaré".

Comentario de Mumon: Cuando no haya un puente sobre el arroyo, el bastón me ayudará. Cuando regrese a casa en una noche sin luna, el bastón me acompañará. Pero si llamas a esto bastón, entrarás al infierno como una flecha.

Con este bastón en mi mano
puedo medir las profundidades y superficialidades
del mundo.
El bastón sostiene los cielos y afirma la tierra.
Dondequiera que vaya, se difundirá la verdadera
enseñanza.

Comentarios de Norberto Tucci: Recordemos que *Matsuo Basho,* fue un famoso poeta japonés del periodo *Edo,* al que hoy se le reconoce como el mayor maestro de *haikus.* Comenzó siendo un profesor; pero abandonó la enseñanza, para vagar por todo el país y así encontrar inspiración para sus poemas, que fueron influenciados por su experiencia del mundo que le rodeaba y que resumían la sensación de una situación, en unas pocas palabras. A través del *Haiku*[1], se trata de expresar lo que está sucediendo en un instante, resumido en tres frases.

---

1. Existe una selección ilustrada de Haikus, realizada por Norberto Tucci para esta editorial, donde se recogen los Haikus más importantes de la historia de Japón, e incluye a autores como: Matsuo Basho, Yosa Buson, Kobayashi Issa, Usuda Arô y Masaoka Shiki, entre otros.

45.
¿Quién es él?

Hoen dijo:
- "Los Budas pasados y futuros, ambos son sus sirvientes. ¿Quién es él?"

Comentario de Mumon: Si te das cuenta claramente de quién es él, es como si reconocieses a tu padre entre la gente en una calle concurrida. No tendrás necesidad de preguntarle a nadie si tu reconocimiento es verdadero o no.

> *No luches con el arco y la flecha de otro.*
> *No montes el caballo de otro.*
> *No hables de las faltas de los demás.*
> *No interfieras con el trabajo de otro.*

Comentarios de Norberto Tucci: Cuando tienes la experiencia de estar ante la Verdad o de conocer a tu propio Yo, no necesitas explicarlo con palabras ni nadie te puede argumentar nada en contra.

Tal es tu seguridad interna de este hecho, que *Mumon* lo compara a la misma facilidad con la que puedes reconocer a tu propio padre entre la gente de una calle concurrida. Ese descubrimiento, debe de ser algo personal e intransferible, como intransferibles son: las armas, el caballo, los errores o el trabajo de otro.

46.
Procede desde la parte superior del poste

Sekiso preguntó:

- "¿Cómo puedes avanzar desde lo alto de un poste de cien pies?".

Otro maestro zen dijo:

- "Aquél que se sienta en la parte superior de un poste de cien pies, ha alcanzado cierta altura, pero aún no está manejando el zen libremente. Debe proceder desde allí y aparecer con todo su cuerpo en las diez partes del mundo".

Comentario de Mumon: Uno puede continuar sus pasos o girar su cuerpo libremente en la parte superior del poste. En cualquier caso, debe ser respetado. Sin embargo, quiero preguntaros a vosotros monjes: ¿Cómo procederíais desde lo alto de ese poste? ¡Estad atentos!

El hombre que carece del tercer ojo de la intuición
Se aferrará a la medida de los cien pies.
Tal hombre, saltará de allí y se matará,
es como un ciego que engaña a otros ciegos.

Comentarios de Norberto Tucci: Se hace referencia a la evolución en las enseñanzas del zen.

Durante el camino, se consiguen varios logros, que son loables, pero la finalidad del zen, no es alcanzar los poderes que el zen otorga. Una vez alcanzado el *Samadhi,* el plano superior, la *intuición* debe de guiar nuestros pasos.

47.
Las tres barreras de Tosotsu

Tosotsu construyó tres barreras e hizo que los monjes las atravesaran.

La primera barrera es *estudiar zen*. Al estudiar zen, el objetivo es ver la verdadera naturaleza de uno mismo. Ahora, ¿dónde está tu verdadera naturaleza?

En segundo lugar, cuando uno se de cuenta de su propia naturaleza verdadera, estará libre del nacimiento y la muerte. Ahora, cuando apagas la luz de tus ojos y te conviertes en un cadáver, ¿cómo puedes liberarte?

En tercer lugar, si te liberas del nacimiento y la muerte, debes saber dónde estás. Ahora tu cuerpo se separa en los cuatro elementos. ¿Dónde estás?

Comentario de Mumon: Quien pueda pasar estas tres barreras será un maestro dondequiera que esté. Pase lo que pase con él, se convertirá en zen. De lo contrario, vivirá con una mala alimentación y ni siquiera tendrá lo suficiente como para satisfacerse.

Una realización instantánea, ve un tiempo sin fin.
El tiempo sin fin, es como un momento.
Cuando uno comprende el momento sin fin,
se da cuenta de la persona que lo está viendo.

Comentarios de Norberto Tucci: Nuevamente se hace referencia a la nueva dimensión, al nuevo *plano mental* que se alcanza con el *Nirvana*. Una dimensión, donde no existe el tiempo ni el espacio. Donde los 4 elementos constitutivos de la vida material, ya no existen.

48.
Un camino de Kembo

Un alumno zen le preguntó a *Kembo*:
- "Todos los Budas de las diez partes del universo entran en el único camino del *Nirvana*. ¿Dónde comienza ese camino?"

Kembo, levantando su bastón y dibujando la figura uno en el aire, dijo:
- "Aquí está".

Ese alumno fue a ver a *Ummon* y le hizo la misma pregunta. *Ummon*, que casualmente tenía un abanico en la mano, dijo:
- "Este abanico alcanzará el trigésimo tercer cielo y golpeará la nariz de la deidad que preside allí. Es como la carpa dragón del Mar del Este, volteándose sobre la nube y haciendo lluvia con su cola".

Comentario de Mumon: Un maestro entra en las profundidades del mar y araña la tierra y levanta polvo. El otro sube a la cima de la montaña y levanta olas que casi tocan el cielo. Uno aguanta, el otro cede. Cada uno apoya la enseñanza profunda con una sola mano. *Kembo y Ummon*, son como dos jinetes, ninguno de los cuales puede superar al otro. Es muy difícil encontrar al hombre perfecto. Francamente, ninguno de los dos sabe dónde comienza el camino.

Antes de dar el primer paso, se alcanza la meta.
Antes de que la lengua se mueva, el discurso ha terminado.
Se necesita una intuición brillante,
Para encontrar el origen del camino correcto.

Comentarios de Norberto Tucci: Dos famosos maestros zen, se acercan a la verdad con distintos métodos, pero el camino correcto solo lo podrás encontrar tu mismo.

Posdata de Mumon

Los dichos y hechos del Buda y los patriarcas se han plasmado en su forma original.

El autor no ha añadido nada superfluo, se ha quitado el párpado y ha dejado al descubierto los globos oculares.

Se exige vuestra realización directa; no debe buscarse a través de otros.

Si eres un hombre realizado, inmediatamente captarás el punto a la más mínima mención del mismo.

No hay puerta por la que pasar; no hay escaleras para subir.

Se pasa el puesto de control, cuadrándose los hombros, sin pedir permiso al portero.

Recuerda el dicho de *Gensha*:

"La barrera sin puerta, es la puerta de la emancipación; la ausencia de significado es el significado del hombre del Camino".

Y *Hakun* dice:

"Claramente sabes cómo hablar de ello, pero ¿por qué no puedes transmitir esta cosa simple y específica?".

Sin embargo, todo este tipo de charlas es como hacer un pastel de barro con leche y mantequilla.

Si has pasado el *Mumonkan*, puedes burlarte de *Mumon*.

Si no, te estás traicionando a ti mismo.

Es fácil conocer la mente del *Nirvana* pero difícil alcanzar la sabiduría de la diferenciación.

Cuando hayas realizado esta sabiduría, la paz y el orden reinarán sobre tu tierra.

Este es un libro de editorial *ELA*

f Editorial Ela

▶ Editorial ELA

◎ @ela.editorial

@ela.editorial

www.libreriaargentina.com

La Librería Argentina se funda en Madrid en el año 1964, siendo la primera librería especializada en libros para el bienestar y el crecimiento personal que surge en España. Debe su nombre a que en aquellos tiempos la mayor parte de los libros de estos temas, son editados en Argentina y de allí se importaban.

Años después se crea el sello E.L.A. para seguir poniendo a disposición del público las últimas tendencias y no olvidarse de los más clásicos y tradicionales libros.

REALIZADO E IMPRESO EN ESPAÑA

PRODUCIDO CON PAPEL DE LA C. E.

El papel utilizado para la impresión de nuestros libros, ha sido fabricado a partir de madera procedente de bosques y plantaciones gestionadas con los más altos estándares ambientales, garantizando la explotación sostenible de los recursos y la armonía con el medio ambiente, siendo esta gestión beneficiosa para el planeta y para los seres humanos y contribuyendo al cuidado de los bosques y a la reforestación mundial. Por cada árbol cortado para hacer papel, se han plantado cuatro árboles.

Otras obras de Norberto Tucci, como autor traductor o comentarista, en esta editorial:

Colección cuentos, historias y relatos orientales
Historias zen
Cuentos para que pien-zen
Cuentos y leyendas taoístas
Cuentos y proverbios chinos ilustrados. 4ª ed. (ilustrado a color).
Cuentos y proverbios japoneses ilustrados. (ilustrado a color).
Cuentos y proverbios indios ilustrados. (ilustrado a color).
Cuentos sufis de Nasrudín.
Cuentos indios de príncipes y princesas. 3ª ed.
Cuentos y leyendas de Japón.
Haikus ilustrados. (ilustrado a color).
El encanto y la sabiduría de Japón (ilustrado a color).

Colección clásicos de Oriente
Okakura. La ceremonia del té. 4ª ed.
Lao Tse. Tao te King 8ª ed.
Confucio. El hombre superior y el arte de gobernar.
Richard Wilhelm. I Ching.
Richard Wilhelm. El secreto de la flor de oro.
Moraes. El culto al té.
Cha Jing. El primer libro del té.

Colección clásicos de la estrategia oriental
Si Ma fa, el arte del liderazgo
Sun Tzu. El arte de la guerra. 8ª ed.
Sun Bin. El nuevo arte de la guerra.
Zhuge Liang. Dominando el arte de la guerra y las 36 enseñanzas.
Wei Liao Tzu. El arte de dirigir. 3ª ed.
Tai Kung. Las seis enseñanzas secretas, "para vencer sin luchar".
Yamamoto. Hagakure. 5ª ed.
Musashi. El libro de los cinco anillos 6ª ed.
Takuan Soho. El espíritu indomable del Samurai.
Norberto Tucci. El blanco si es visible. Budo y Bushido. Cuentos de samuráis.
Nitobe. Bushido. El código de honor de los samurais.
Yagyu Munenori. El camino de la espada. Estrategias de samurai para el día a día.

Colección desarrollo personal
Norberto Tucci. Wu Wei. El arte de no hacer y fluir.
Norberto Tucci. Mandalas.
Norberto Tucci. El efecto del optimismo. 4ª ed
Buda. El Dhammapada. 5ª ed
Upanishads.